한자능력검정시험

급수한자
따라잡기

3-2급

급수한자 따라잡기 3-2급

초판 1쇄 인쇄 · 2007년 08월 05일 | 초판 1쇄 · 발행 2007년 08월 10일
지은이 · 편집부 | 펴낸이 · 성무림 | 펴낸곳 · 도서출판 매일
주소 · 서울 종로구 숭인동 1421-2 동원빌딩 201호 | 전화 · (02) 2232-4008 | 팩스 · (02) 2232-4009
출판등록 · 2001년 8월 16일 (제6 - 0567호)

ISBN · 978-89-90134-47-9   03640

*잘못된 책은 구입처에서 교환해드립니다. *책 값은 뒤표지에 있습니다.

한자능력검정시험

급수한자 따라잡기

3-2급

편집부 편

매일출판

머리말

 우리말의 70%가 한자인 현실에서 이제 한자는 한글 세대에게도 필수적인 글자가 되었다.
 우리의 생활 환경 속에는 한자어로 표기된 문서나 출판물들이 너무나 많고, 글을 이해하고 표현하는 데에 한자가 없이는 그 뜻이 분명치 않은 것은 어쩔 수 없는 사실이다. 이 말은 다시 말해서 한자를 모르면 우리말을 제대로 표현할 수 없다는 얘기다.
 이 책은 한자를 배우고자 하는 사람들이나, 한자능력검정 및 각종 시험에 응시하는 사람들을 위해 펴낸 것으로, 보다 효율적이고 활용적으로 공부할 수 있게 만들었다.

 이 책의 특장점은 다음과 같다.

 첫째, 한자를 공부하는 데 꼭 필요한 중요 부수 220자를 익히도록 했고, 한자를 각 급수별로 구분해서 수록했다.
 둘째, 가나다순으로 한자를 배열하여 알기 쉽게 했다.
 셋째, 각 한자별로 필순(쓰는 순서)을 곁들여 익히도록 했다.
 넷째, 부록에 유의어, 반의어, 상대어, 동의어, 동음이의어 등을 수록하여 자의(字義) 및 어의(語義)의 변화를 공부할 수 있도록 했다.

차 례

1장 중요부수 220자 --------- 9
2장 3급Ⅱ 배정한자 --------- 19
3장 3급 배정한자 ------------ 121
4장 2급 배정한자 ---------- 227

부록 자의(字義) 및 어의(語義)의 변화 -- 363

1장
중요부수 220자

1획

一 **한 일**
한 획으로 가로그어 '하나'를 뜻함.

丨 **뚫을 곤**
위아래를 뚫어 사물의 통합을 뜻함.

丶 **점, 심지 주**
등불의 불꽃 모양을 본뜬 글자.

丿 **삐침 별**
왼쪽으로 구부러지는 모양을 나타냄.

乙(乚) **새 을**
날아 오르는 새의 모양을 본뜬 글자.

亅 **갈고리 궐**
아래 끝이 굽어진 갈고리 모양의 글자.

2획

二 **두 이**
가로 그은 획이 두 개니 '둘'을 뜻함.

亠 **머리 해**
특별한 뜻 없이 亥의 머리 부분을 따옴.

人(亻) **사람 인**
사람이 팔을 뻗친 옆 모습을 나타냄.

儿 **어진 사람 인**
사람의 두 다리 모양을 나타낸 글자.

入 **들 입**
하나의 줄기에서 갈라진 뿌리가 땅 속으로 뻗어 가는 모양의 글자.

八 **여덟 팔**
나누어져 등지는 모양을 나타냄.

冂 **멀 경**
경계 밖의 먼 곳으로 길이 잇닿아 있는 모양을 나타낸 글자.

冖 **덮을 멱**
보자기로 덮인 것 같은 모양의 글자.

冫 **얼음 빙**
얼음이 얼 때 생기는 결을 나타냄.

几 **안석 궤**
걸상의 모양을 나타낸 글자.

凵 **입벌릴 감**
물건을 담는 그릇이나 상자를 나타냄.

刀(刂) **칼 도**
날이 굽어진 칼 모양의 글자.

力 **힘 력**
힘 준 팔에 근육이 불거진 모양의 글자.

勹 **쌀 포**
몸을 굽혀 품에 감싸 안는 모양의 글자.

匕 **비수 비**
앉은 이에게 칼을 들이댄 모양의 글자.

匚 **상자 방**
네모난 상자를 본뜬 글자.

匸 **감출 혜**
위는 덮어진 모양이고, 감춘 모양으로 '감추다'는 뜻을 나타냄.

十 **열 십**
동, 서, 남, 북이 서로 엇갈려 모두를 갖추었음을 나타낸 글자.

卜 **점 복**
거북의 등에 나타난 선 모양의 글자.

卩(㔾) **병부 절**
병부(兵符)를 반으로 나눈 모양의 글자.

厂 **언덕 엄**
언덕을 덮은 바위 모양을 나타냄.

厶 **마늘 모**
늘어 놓은 마늘 모양의 글자.

又 또 우
팔과 손을 움직이는 모양을 나타냄.

3획

口 입 구
사람의 입 모양을 본뜬 글자.

囗 에워쌀 위
사방을 빙 둘러싼 모양의 글자.

土 흙 토
위의 '一'은 땅 표면을, 아래의 '一'은 땅 속을 뜻해 땅에서 싹이 나는 모양의 글자.

士 선비 사
선비는 '一'에서 '十'까지 잘 알아야 맡은 일을 능히 해댄다는 뜻의 글자.

夂 뒤져올 치
뒤져 온다는 뜻으로, 왼쪽을 향한 두획은 두 다리를, 오른쪽을 향한 획은 뒤 따라 오는 사람의 다리를 의미함.

夊 천천히걸을 쇠
오른쪽을 향한 획은 지팡이 같은 것에 끌려 더딘 걸음을 나타낸 글자.

夕 저녁 석
'月'에서 한 획이 빠져 빛이 약해진 것을 뜻하여 어두운 저녁을 나타낸 글자.

大 큰 대
사람이 손발을 크고 길게 벌리고 서 있는 것을 나타낸 글자.

女 계집 녀
여자가 얌전하게 앉아 있는 모양의 글자.

子 아들 자
두 팔을 편 어린아이의 모습을 본뜬 글자.

宀 집 면
지붕이 씌어져 있는 모양의 글자.

寸 마디 촌
손 마디의 거리를 나타낸 글자.

小 작을 소
작은 것을 둘로 나누는 모양의 글자.

尢(尣) 절름발이 왕
한 쪽 다리가 굽은 사람을 본뜬 글자.

尸 주검 시
누워 있는 사람의 모습을 본뜬 글자.

屮 풀 철
싹이 돋아나는 것을 본뜬 글자.

山 메 산
산의 모양을 본뜬 글자.

川(巛) 내 천
물이 굽이쳐 흐르는 모양의 글자.

工 장인 공
연장을 든 사람을 나타낸 글자.

己 몸 기
몸을 구부린 사람을 나타낸 글자.

巾 수건 건
사물을 덮은 수건의 두 끝이 아래로 향한 모양을 나타낸 글자.

干 방패 간
방패 모양을 본뜬 글자.

幺 작을 요
갓난아이의 모습을 본뜬 글자.

广 집 엄
언덕 위에 있는 지붕 모양의 글자.

廴 길게걸을 인
다리를 당겨 보폭을 넓게 해서 걷는 모양을 나타낸 글자.

廾 들 공
양 손을 모아 떠받드는 모양의 글자.

중요 부수 220자

弋 　주살 익
나뭇가지에 물건이 걸려 있는 모양을
나타낸 글자.

弓 　활 궁
활의 생김새를 나타낸 글자.

크(彑) 돼지머리 계
위가 뾰족하고 머리가 큰 돼지 모양을
나타낸 글자이다.

彡 　터럭 삼
털을 빗질하여 놓은 모양을 나타낸 글자.

彳 　조금걸을 척
다리와 발로 걷는 것을 나타낸 글자.

4획

心(忄) 마음 심
사람의 심장 모양을 본뜬 글자.

戈 　창 과
긴 손잡이가 달린 갈고리 모양의 창을
나타낸 글자.

戶 　지게 호
한 쪽 문짝의 모양을 나타낸 글자.

手(扌) 손 수
펼친 손의 모양을 나타낸 글자.

支 　지탱할 지
나뭇가지를 손에 든 모양을 본뜬 글자.

攴(攵) 칠 복
손으로 무엇을 두드리는 모양의 글자.

文 　글월 문
무늬가 그려진 모양을 본뜬 글자.

斗 　말 두
용량을 헤아리는 말을 본뜬 글자이다.

斤 　도끼 근
자루가 달린 도끼로 물건을 자르는 모양.

方 　모 방
주위가 네모져 보여 '모나다'의 뜻이 됨.

无(旡) 없을 무
사람의 머리 위에 '一'을 더하여 머리가
보이지 않게 함.

日 　날 일
둥근 해 속에 흑점을 넣은 모양의 글자.

曰 　가로 왈
입(口)에서 김(一)이 나가는 모양의 글자.

月 　달 월
초승달 모양을 본뜬 글자.

木 　나무 목
나뭇가지에 뿌리가 뻗은 모양의 글자.

欠 　하품 흠
입을 벌려 하품하는 모양을 본뜬 글자.

止 　그칠 지
서 있는 사람의 발 모양을 본뜬 글자.

歹(歺) 죽을 사
죽은 사람의 뼈 모양을 본뜬 글자.

殳 　칠 수
몽둥이를 들고 있는 모양을 본뜬 글자.

毋 　말 무
'女'가 못된 짓을 못하게 함을 나타냄.

比 　견줄 비
두 사람이 나란히 서 있는 모양의 글자.

毛 　터럭 모
짐승의 털 모양을 본뜬 글자.

氏 　성 씨
뿌리가 지상에 뻗어 나와 퍼진 모양을
본뜬 글자로 성씨(姓氏)를 나타냄.

气 　기운 기
땅에서 아지랑이나 수증기 같은 기운이
위로 솟아오르는 모양을 본뜬 글자.

水(氺) 물 수
물이 흐르는 모양을 본뜬 글자.

火(灬) 불 화
타오르는 불꽃 모양을 본뜬 글자.

爪(爫) 손톱 조
물건을 집는 손톱 모양을 본뜬 글자.

父 아비 부
도끼를 든 남자의 손 모양을 본뜬 글자.

爻 점괘 효
점 칠 때 산가지 모양을 나타낸 글자.

爿 널조각 장
쪼갠 통나무 왼쪽 모양을 나타낸 글자.

片 조각 편
쪼갠 통나무 오른쪽 모양을 나타낸 글자.

牙 어금니 아
어금니가 맞물린 모양을 본뜬 글자.

牛(牜) 소 우
소의 모양을 본뜬 글자.

犬(犭) 개 견
개의 옆 모습을 본뜬 글자.

5획

玄 검을 현
위는 '덮는다'는 뜻이고, 아래는 '멀다'는 뜻으로 검거나 아득함을 나타냄.

玉(王) 구슬 옥
'王'에 한 점을 더하여 높고 귀한 임금의 심성을 나타낸 글자.

瓜 오이 과
좌우로 나뉘어 있는 부분은 '오이의 덩굴' 모양을 나타내고, 안에 있는 부분은 '오이의 열매'를 뜻함.

瓦 기와 와
덩굴에 달린 오이 모양을 본뜬 글자.

甘 달 감
입 속에서 단 맛을 느끼는 모양의 글자.

生 날 생
싹이 땅을 뚫고 나오는 모양의 글자.

用 쓸 용
'복(卜)'과 '중(中)'을 합해서 된 글자.

田 밭 전
밭과 밭 사이의 길 모양을 본뜬 글자.

疋 발 소, 짝 필
발목에서 발끝까지의 모양을 본뜬 글자.

疒 병질 엄
병든 사람의 기댄 모습을 나타낸 글자.

癶 필 발
두 발을 벌린 사람을 나타낸 글자.

白 흰 백
아침 해가 떠오르는 모양을 본뜬 글자.

皮 가죽 피
짐승 가죽을 벗기는 모양을 본뜬 글자.

皿 그릇 명
받침대가 있는 그릇 모양을 본뜬 글자.

目 눈 목
사람의 눈 모양을 본뜬 글자.

矛 창 모
장식이 꽂고 긴 자루가 달린 창 모양을 본뜬 글자.

矢 화살 시
화살의 모양을 본뜬 글자.

石 돌 석
언덕 아래로 굴러 떨어진 돌덩이 모양을 나타낸 글자.

示(礻) 보일 시
제단의 모양을 본떠 뵈오다 보이다의 뜻.

内 짐승발자국 유
짐승의 발자국 모양을 본뜬 글자.

禾 벼 화
벼 이삭이 드리워진 모양을 본뜬 글자.

穴 구멍 혈
구멍을 뚫고 지은 집 모양을 본뜬 글자.

立 설 립
땅 위에 서 있는 사람을 나타낸 글자.

6획

竹 대 죽
대나무 가지에 늘어진 잎을 나타낸 글자.

米 쌀 미
벼 이삭의 모양을 본뜬 글자.

糸 실 사
실타래 모양을 본뜬 글자.

缶 장군 부
질그릇(장군)의 모양을 본뜬 글자.

网(罒) 그물 망
그물코의 모양을 본뜬 글자.

羊(⺷) 양 양
양의 머리 모양을 본뜬 글자.

羽 깃 우
새의 양 날개나 깃털의 모양을 본뜬 글자.

老(耂) 늙을 노
노인이 지팡이를 짚은 모습을 본뜬 글자.

而 말이을 이
입의 위아래에 수염이 나 있고 그 입으로 말하는 모양을 본뜬 글자.

耒 쟁기 뢰
나무로 만든 기구 모양을 본뜬 글자.

耳 귀 이
사람의 귀 모양을 본뜬 글자.

聿 붓 율
붓으로 획을 긋는 모양을 본뜬 글자.

肉(月) 고기 육
잘라 놓은 고기덩이 모양을 본뜬 글자.

臣 신하 신
몸을 굽혀 엎드린 모양을 본뜬 글자.

自 스스로 자
사람의 코 모양을 본뜬 글자.

至 이를 지
새가 땅에 내려앉는 모양을 본뜬 글자.

臼 절구 구
곡식을 찧는 절구통 모양을 본뜬 글자.

舌 혀 설
입 안에 있는 혀의 모양을 본뜬 글자.

舛 어그러질 천
두 발이 서로 엇갈린 모양을 본뜬 글자.

舟 배 주
통나무 배의 모양을 본뜬 글자.

艮 그칠 간
눈 '目'과 비수 '匕' 두 글자가 합친 글자.

色 빛 색
'人'과 '巴' 두 글자가 합쳐진 글자.

艸(⺿) 풀 초
여기저기 나는 풀의 모양을 본뜬 글자.

虍 범 호
호랑이의 머리통과 몸통의 전체적인 모양을 본뜬 글자.

虫 **벌레 충**
뱀이 도사리고 있는 모양을 본뜬 글자.

血 **피 혈**
그릇에 담긴 피의 모양을 본뜬 글자.

行 **다닐 행**
사람이 다니는 네 거리를 나타낸 글자.

衣(衤) **옷 의**
사람이 입는 옷 모양을 본뜬 글자.

襾 **덮을 아**
그릇 위에 뚜껑을 덮은 모양을 본뜬 글자.

7획

見 **볼 견**
눈(目)과 사람(人)을 합쳐 만든 글자.

角 **뿔 각**
짐승의 뿔 모양을 본뜬 글자.

言 **말씀 언**
혀를 내밀고 있는 모양을 본뜬 글자.

谷 **골 곡**
산이 갈라진 골짜기 모양을 본뜬 글자.

豆 **콩 두**
받침이 달린 나무 그릇 모양을 본뜬 글자.

豕 **돼지 시**
돼지의 모양을 본뜬 글자.

豸 **벌레 치**
먹이를 노려보는 짐승의 모양을 나타냄.

貝 **조개 패**
껍질을 벌린 조개의 모양을 본뜬 글자.

赤 **붉을 적**
'大'와 '火'가 합쳐진 글자로 불이 내는 붉은 빛을 의미하는 글자.

走 **달릴 주**
'土'와 '足'이 합쳐 흙을 박찬다는 뜻.

足(𧾷) **발 족**
무릎에서 발가락까지의 모양을 나타냄.

身 **몸 신**
아이를 밴 여자의 모양을 본뜬 글자.

車 **수레 거**
바퀴 달린 수레 모양을 본뜬 글자.

辛 **매울 신**
옛날에 죄수나 노예의 얼굴에 낙인을 하던 바늘의 모양을 본뜬 글자.

辰 **별 진**
발을 내민 조개의 모양을 본뜬 글자.

辵(辶) **갈 착**
걷다, 멈추다, 천천히 간다는 뜻의 글자.

邑(阝) **고을 읍**
사람이 모여 사는 고을을 뜻하는 글자.

酉 **닭 유**
술이 담긴 항아리의 모양을 본뜬 글자.

釆 **분별할 변**
짐승의 발자국 모양을 본뜬 글자.

里 **마을 리**
'田'과 '土'를 합친 글자로 마을을 뜻함.

8획

金 **쇠 금**
땅 속의 빛나는 광석이라는 뜻의 글자.

長(镸) **길 장**
지팡이 짚은 수염 난 노인 모양의 글자.

門 **문 문**
두 짝으로 된 문 모양의 글자.

중요 부수 220자 15

阜(阝) 언덕 부
흙더미가 이룬 언덕 모양을 본뜬 글자.

隶 미칠 이
짐승 꼬리를 잡은 손의 모양을 본뜬 글자.

隹 새 추
꽁지가 짧은 새 모양을 본뜬 글자.

雨 비 우
떨어지는 물방울 모양을 본뜬 글자.

靑 푸를 청
'生'과 '井'을 합친 글자로 초목과 우물은 푸르다는 뜻.

非 아닐 비
새의 어긋난 날개 모양을 본뜬 글자.

9획

面 낯 면
얼굴의 전체적인 모양을 본뜬 글자.

革 가죽 혁
짐승 가죽을 벗겨 놓은 모양을 본뜬 글자.

韋 다룬가죽 위
털과 기름을 없애 다룬 가죽을 뜻함.

韭 부추 구
땅에서 자라는 부추의 모양을 본뜬 글자.

音 소리 음
말할 때 목젖이 울리는 모양의 글자.

頁 머리 혈
목에서 머리 끝까지의 모양을 본뜬 글자.

風 바람 풍
'凡' 안에 '虫'을 넣어 바람을 나타낸 글자.

飛 날 비
날개를 펴고 나는 새의 모양을 본뜬 글자.

食(飠) 밥 식
그릇에 뚜껑을 덮은 모양을 본뜬 글자.

首 머리 수
머리카락이 난 머리 모양을 본뜬 글자.

香 향기 향
'禾'와 '甘'을 합쳐서 향기를 뜻한 글자.

10획

馬 말 마
말의 생김새를 본뜬 글자.

骨 뼈 골
살을 발라낸 뼈의 생김새를 본뜬 글자.

高 높을 고
성 위에 솟은 누각의 모양을 본뜬 글자.

髟 긴머리털 표
긴 머리카락 모양을 나타낸 글자.

鬥 싸울 투
두 사람이 싸우는 모양을 본뜬 글자.

鬯 울창주 창
활집의 모양을 본뜬 글자.

鬲 솥 력
다리가 달린 솥의 모양을 본뜬 글자.

鬼 귀신 귀
머리 부분을 크게 강조해서 정상적인 사람이 아님을 나타낸 글자.

11획

魚 고기 어
물고기의 모양을 본뜬 글자.

鳥 새 조
새의 모양을 본뜬 글자.

鹵　소금 로
그릇에 소금이 담긴 모양을 본뜬 글자.

鹿　사슴 록
뿔 달린 사슴의 모양을 본뜬 글자.

麥　보리 맥
뿌리가 달린 보리의 모양을 본뜬 글자.

麻　삼 마
집에서 만드는 삼베를 뜻하는 글자.

12획

黃　누를 황
밭(田)의 빛깔(光)이 누르다는 뜻의 글자.

黍　기장 서
벼(禾)처럼 생겨 물에 담가 술을 빚는 곡식이라는 뜻의 글자.

黑　검을 흑
불을 때면 연기가 나면서 검게 그을린다는 뜻의 글자.

黹　바느질할 치
바늘로 수를 놓은 옷감 모양을 본뜬 글자.

13획

黽　맹꽁이 맹
개구리의 모양을 본뜬 글자.

鼎　솥 정
발 달린 솥의 모양을 본뜬 글자.

鼓　북 고
악기를 오른손으로 친다는 뜻의 글자.

鼠　쥐 서
쥐의 이빨과 네 발과 꼬리의 모양을 본뜬 글자.

14획

鼻　코 비
얼굴에 있는 코를 뜻하는 글자.

齊　가지런할 제
곡식의 이삭들이 가지런함을 뜻함.

15획

齒　이 치
위 아래로 이가 박혀 있는 모양의 글자.

16획

龍　용 룡
날아오르는 용의 모양을 본뜬 글자.

龜　거북 귀
거북의 모양을 본뜬 글자.

17획

龠　피리 약
여러 개의 구멍이 뚫린 피리의 모양을 본뜬 글자.

2장
3급 II 배정한자

佳
人부의 6획

- **훈음**: 아름다울 가
- **단어**:
  - 佳約(가약) : 가인과 만날 약속. 부부가 될 언약.
  - 佳人(가인) : 아름다운 여자. 미인.
- **필순**: 丿 亻 亻 亻 佇 佳 佳 佳

閣
門부의 6획

- **훈음**: 집 각
- **단어**:
  - 閣僚(각료) : 내각의 구성원인 각부 장관.
  - 樓閣(누각) : 높은 다락집.
- **필순**: 丨 冂 冂 門 門 閁 閃 閣

脚
肉부의 7획

- **훈음**: 다리 각
- **단어**:
  - 脚線美(각선미) : 다리의 곡선미.
  - 脚本(각본) : 연극이나 영화 등의 대본. 극본.
- **필순**: 几 月 月 肚 肚 胠 脚 脚

刊
刀부의 3획

- **훈음**: 책펴낼 간
- **단어**:
  - 刊行(간행) : 책 따위를 인쇄하여 세상에 널리 펴냄.
  - 創刊(창간) : 신문, 잡지 등 정기 간행물의 첫 호를 간행함.
- **필순**: 一 二 千 刊 刊

肝
肉부의 3획

훈음: 간 간

단어:
肝膽(간담) : 간과 쓸개. 속마음을 달리 이르는 말.
肝腸(간장) : 간과 창자. 마음. 애. 속.

필순: 丿 冂 月 月 肝 肝 肝

幹
干부의 10획

훈음: 줄기 간

단어:
幹部(간부) : 조직에서 중심을 이루는 수뇌부나 임원.
幹線(간선) : 철도, 도로의 중요한 선로.

필순: 十 古 古 直 直 卓 卓 幹 幹

懇
心부의 13획

훈음: 간절할 간

단어:
懇曲(간곡) : 간절하고 곡진함.
懇切(간절) : 지성스럽고, 절실함.

필순: 夕 豸 豸 豸ᄏ 豸ᄅ 豸艮 懇 懇

鑑
金부의 14획

훈음: 거울 감

단어:
鑑別(감별) : 잘 보고 식별함.
鑑賞(감상) : 예술 작품의 가치를 음미하고 이해함.

필순: 全 金 釒 釒 釒 鈩 鑑 鑑

3급 Ⅱ 배정한자

剛

刀부의 8획

훈음: 굳셀 강

단어:
剛度(강도) : 끊어지지 않으려고 저항하는 힘의 정도.
剛氣(강기) : 굳센 기상.

필순: 冂 冂 冂 冈 冈 岡 剛 剛

綱

糸부의 8획

훈음: 벼리 강

단어:
綱領(강령) : 일을 하여 나가는 데의 으뜸되는 줄거리.
要綱(요강) : 중요한 골자나 줄거리.

필순: 幺 糸 紂 網 網 綱 綱

介

人부의 2획

훈음: 끼일 개

단어:
介意(개의) : 마음에 두고 걱정함.
介入(개입) : 사이에 끼여듦. 제삼자가 사건에 관계함.

필순: 丿 人 介 介

槪

木부의 11획

훈음: 대개 개

단어:
槪觀(개관) : 대충 살펴 봄.
槪略(개략) : 대강만을 추림. 또는 그것. 대략.

필순: 木 朾 朾 柙 榀 榔 槪 槪

距
足부의 5획

훈음: 떨어질 거
단어: 距今(거금) : 거슬러 올라감의 뜻.
距離(거리) : 두 물체 사이의 떨어진 정도. 주장, 생각이 다름.
필순: 口 足 足 足 距 距 距 距

乾
乙부의 10획

훈음: 하늘, 마를 건
단어: 乾坤(건곤) : 하늘과 땅을 상징적으로 일컬음.
乾燥(건조) : 습기, 물기가 없어짐. 물질에서 수분을 제거함.
필순: 一 十 古 古 卓 朝 乾 乾

劍
刀부의 13획

훈음: 칼 검
단어: 劍客(검객) : 검술을 잘하는 사람.
劍舞(검무) : 칼을 들고 추는 춤.
필순: ノ 人 今 命 命 僉 劍 劍

訣
言부의 4획

훈음: 이별할, 비결 결
단어: 訣別(결별) : 기약 없는 작별. 이별.
秘訣(비결) : 숨겨 두고 혼자만 쓰는 아주 좋은 방법.
필순: 亠 言 言 訁 訁 訣 訣

3급 II 배정한자

兼

八부의 8획

훈음 겸할 겸

단어 兼備(겸비) : 두루 갖추어 있음. 여러 가지를 겸하여 갖춤.
兼任(겸임) : 직무를 겸하여 봄.

필순 丶 丷 兯 兯 乌 乌 乌 兼 兼

謙

言부의 10획

훈음 겸손할 겸

단어 謙遜(겸손) : 남을 높이고 제 몸을 낮추는 태도가 있음.
謙虛(겸허) : 겸손하여 잘난 체하지 않음.

필순 言 言 言 言 詝 詝 詝 謙 謙

耕

耒부의 4획

훈음 밭갈 경

단어 耕作(경작) : 논밭을 갈아 농사를 지음.
耕地(경지) : 땅을 갊. 또는 갈아 놓은 땅.

필순 一 三 丰 耒 耒 耒 耕 耕

頃

頁부의 2획

훈음 잠깐 경

단어 頃刻(경각) : 잠시. 잠깐 동안.
頃年(경년) : 가까운 해.

필순 丶 匕 匕 圥 頃 頃 頃 頃

契

大부의 6획

- **훈음**: 맺을 계
- **단어**:
  契機(계기) : 사물의 동기. 움직이거나 결정하게 되는 전기.
  契約(계약) : 약정. 약속.
- **필순**: 一 三 丰 坊 坊 契 契 契

啓

口부의 8획

- **훈음**: 열 계
- **단어**:
  啓蒙(계몽) : 어린아이나 무식한 사람을 깨우쳐 줌.
  啓示(계시) : 사람의 마음을 열어 진리를 교시하는 일.
- **필순**: 丿 户 户 户 户 改 啓 啓

械

木부의 7획

- **훈음**: 기계 계
- **단어**:
  械器(계기) : 기계나 기구.
  機械(기계) : 동력장치를 부착하고 작업하는 기구.
- **필순**: 十 才 木 杧 栃 械 械 械

溪

水부의 10획

- **훈음**: 시내 계
- **단어**:
  溪谷(계곡) : 물이 흐르는 산골짜기.
  溪泉(계천) : 골짜기에서 솟는 샘.
- **필순**: 氵 氵 沪 汧 汧 浘 溪 溪 溪

3급Ⅱ 배정한자

稿
禾부의 10획

훈음 볏집 고

단어 稿料(고료) : 저작물, 번역물 등의 원고에 대한 보수.
原稿(원고) : 인쇄나 발표를 위해 쓴 초벌의 글, 그림.

필순 二 千 禾 秆 秆 秆 稿 稿

姑
女부의 5획

훈음 시어머니 고

단어 姑母(고모) : 아버지의 누이.
姑婦(고부) : 시어머니와 며느리.

필순 く 女 女 女 女 姑 姑 姑

鼓
鼓부의 0획

훈음 북 고

단어 鼓動(고동) : 북을 울리는 소리. 심장이 뛰는 소리.
鼓吹(고취) : 북을 치고 피리를 붐.

필순 十 土 吉 青 壴 壴 壴 鼓 鼓

谷
谷부의 0획

훈음 골짜기 곡

단어 溪谷(계곡) : 두 산 사이에서 물이 흐르는 골짜기.
峽谷(협곡) : 깊고 좁은 골짜기.

필순 ′ ゛ ゛ 父 父 谷 谷

哭
口부의 7획

훈음 울 곡

단어 哭聲(곡성) : 곡하는 소리.
痛哭(통곡) : 소리 높여 슬피 욺.

필순 ㅣ ㅁ ㅁ ㅁㅁ ㅁㅁ 吅 哭 哭

貢
貝부의 3획

훈음 바칠 공

단어 貢物(공물) : 백성이 나라, 관청에 세금으로 바치던 물건.
貢獻(공헌) : 사회를 위하여 이바지함.

필순 一 T 工 产 产 音 貢 貢

恐
心부의 6획

훈음 두려울 공

단어 恐喝(공갈) : 무섭게 으르고 위협함.
恐怖(공포) : 두렵고 무서움.

필순 T I 되 巩 巩 巩 恐 恐

供
人부의 6획

훈음 이바지할 공

단어 供給(공급) : 수요에 응하여 물품을 대어줌.
供養(공양) : 받들어 봉양함.

필순 ノ イ 仁 什 仕 供 供 供

3급Ⅱ 배정한자

恭

心부의 6획

- **훈음**: 공손할 공
- **단어**:
  - 恭敬(공경) : 삼가서 예를 차려 높임.
  - 恭遜(공손) : 공경하고 겸손하다. 고분고분하다.
- **필순**: 一 艹 丑 共 共 恭 恭 恭

誇

言부의 6획

- **훈음**: 자랑할 과
- **단어**:
  - 誇大(과대) : 작은 것을 크게 떠벌림.
  - 誇示(과시) : 뽐내어 보임. 실제보다 크게 나타내어 보임.
- **필순**: 丶 亠 言 訁 許 詩 誇 誇

寡

宀부의 11획

- **훈음**: 적을,과부 과
- **단어**:
  - 寡默(과묵) : 말이 적음.
  - 寡婦(과부) : 홀어미. 남편을 잃은 여자.
- **필순**: 宀 宇 帘 宵 寊 寊 寡 寡

冠

冖부의 7획

- **훈음**: 갓 관
- **단어**:
  - 冠略(관략) : 편지나 소개장 등의 첫머리에 쓰는 말.
  - 冠禮(관례) : 아이가 어른이 되는 예식, 성년식.
- **필순**: 冖 冖 冖 冖 元 冠 冠 冠

館
食 부의 8획

- **훈음**: 집 관
- **단어**:
  - 館員(관원) : 관에서 일하는 사람.
  - 公館(공관): 공공으로 쓰이는 건물. 정부 고관의 공적 저택.
- **필순**: ⺈ 今 刍 肻 飠 飠 舘 館

貫
貝 부의 4획

- **훈음**: 꿸 관
- **단어**:
  - 貫祿(관록) : 인격에 구비된 위엄.
  - 貫徹(관철) : 끝까지 뚫어 통하게 함.
- **필순**: ㄴ ㅁ 皿 毌 毌 貫 貫 貫

寬
宀 부의 12획

- **훈음**: 너그러울 관
- **단어**:
  - 寬待(관대) : 너그럽게 대접함.
  - 寬容(관용) : 너그러이 받아들이거나 용서하여 줌.
- **필순**: 宀 宀 宀 宀 宀 宁 宵 宵 寬 寬

慣
心 부의 11획

- **훈음**: 익숙할 관
- **단어**:
  - 慣例(관례) : 관습이 된 전례.
  - 慣用(관용) : 늘 많이 씀. 관습적으로 씀.
- **필순**: 忄 忄 忄 忄 忄 慣 慣 慣

3급 II 배정한자

怪

- **훈음**: 괴이할 괴
- **단어**:
  - 怪物(괴물) : 괴상하게 생긴 물건, 짐승.
  - 怪變(괴변) : 괴상한 변고.
- 心부의 5획
- **필순**: 丿 丶 忄 忄 忚 忚 怪 怪

壞

- **훈음**: 무너질 괴
- **단어**:
  - 壞滅(괴멸) : 무너뜨려 멸망시킴. 무너져 멸망함.
  - 破壞(파괴) : 깨뜨려 헐어버림. 깨뜨려 기능을 잃게 함.
- 土부의 16획
- **필순**: 土 圹 圷 坤 壇 壇 壞 壞

巧

- **훈음**: 교묘할 교
- **단어**:
  - 巧妙(교묘) : 썩 잘되고 묘함.
  - 巧猾(교활) : 간사한 꾀가 많음.
- 工부의 2획
- **필순**: 一 丁 工 工 巧

較

- **훈음**: 비교할 교
- **단어**:
  - 較量(교량) : 비교하여 헤아려 봄.
  - 較然(교연) : 뚜렷이 드러난 모양.
- 車부의 6획
- **필순**: 冖 冃 白 亘 車 軋 軡 較

久

ノ부의 2획

- 훈음: 오랠 구
- 단어:
  - 久交(구교) : 오랫동안 사귄 친구.
  - 永久(영구) : 길고 오램. 시간이 무한히 계속되는 일.
- 필순: ノ ク 久

拘

手부의 5획

- 훈음: 잡을 구
- 단어:
  - 拘禁(구금) : 붙잡아 두어 밖에 나가지 못하게 함.
  - 拘留(구류) : 붙잡아 머물게 함.
- 필순: ー 十 扌 扌 扚 拘 拘 拘

菊

艸부의 8획

- 훈음: 국화 국
- 단어:
  - 菊香(국향) : 국화꽃 향기.
  - 秋菊(추국) : 가을에 피는 국화.
- 필순: 丶 艹 艹 芍 芍 苟 菊 菊

弓

弓부의 0획

- 훈음: 활 궁
- 단어:
  - 弓手(궁수) : 활쏘는 사람.
  - 弓道(궁도) : 활쏘는 데 지켜야 할 도의. 궁술을 닦는 일.
- 필순: 一 弓 弓

3급 II 배정한자

拳

훈음: 주먹 권

단어:
拳銃(권총) : 총의 한 가지. 피스톨.
拳鬪(권투) : 주먹으로 서로 때려 승부를 결정하는 경기.

手부의 6획

필순: ノ ㇁ ㇁ 䒑 𦍌 𠔉 𠔉 拳

鬼

훈음: 귀신 귀

단어:
鬼氣(귀기) : 귀신이 나올 듯이 처참하고 무서운 기색.
鬼物(귀물) : 괴물. 괴상한 물건.

鬼부의 0획

필순: ノ 𠂉 𠂊 甶 由 㐬 鬼 鬼

克

훈음: 이길 극

단어:
克己(극기) : 자기의 사욕을 이지로써 눌러 이김.
克服(극복) : 적을 이겨 굴복시킴.

儿 부의 5획

필순: 一 十 古 古 古 声 克

琴

훈음: 거문고 금

단어:
琴譜(금보) : 거문고의 악보.
琴線(금선) : 거문고의 줄.

玉부의 8획

필순: 丁 王 玨 玨 珡 珡 琴 琴

禽
内부의 8획

훈음: 날짐승 금
단어:
禽獸(금수) : 날짐승과 길짐승. 사람 같지 않은 사람에 비유.
猛禽(맹금) : 성질이 사납고 육식을 하는 날짐승.
필순: 人 ᅀ 仐 仐 仐 侴 侴 禽 禽

錦
金부의 8획

훈음: 비단 금
단어:
錦繡(금수) : 비단에 수를 놓은 것으로 매우 아름다움.
錦衣(금의) : 비단옷.
필순: 丿 一 糸 金 釒 鈤 錦 錦

及
又부의 2획

훈음: 미칠 급
단어:
及其也(급기야) : 필경은. 결국에는.
及第(급제) : 과거에 합격함. 시험에 합격함. 등제.
필순: 丿 乃 乃 及

企
人부의 4획

훈음: 꾀할 기
단어:
企及(기급) : 꾀하여 미침.
企業(기업) : 영리를 목적으로 경제 활동을 하는 조직체.
필순: 丿 人 个 仐 企 企

3급 II 배정한자

其

八부의 6획

- **훈음**: 그 기
- **단어**:
  - 其間(기간) : 그 사이. 그 동안.
  - 其他(기타) : 그것 외에 또 다른 것.
- **필순**: 一 十 十 廿 甘 甘 其 其

祈

示부의 4획

- **훈음**: 빌 기
- **단어**:
  - 祈求(기구) : 빌어 구함.
  - 祈願(기원) : 소원을 빎.
- **필순**: 二 于 示 示 礻 祈 祈 祈

畿

田부의 10획

- **훈음**: 경기 기
- **단어**:
  - 畿伯(기백) : 경기도 관찰사의 별칭.
  - 畿營(기영) : 경기도 감영을 일컫는 말.
- **필순**: 幺 幺幺 丝 丝 畕 畿 畿 畿

緊

糸부의 8획

- **훈음**: 팽팽할 긴
- **단어**:
  - 緊密(긴밀) : 바싹 가까워 빈틈이 없음. 매우 밀접함.
  - 緊要(긴요) : 꼭 소용이 됨.
- **필순**: 丨 丆 丏 臣 臤 竪 堅 緊

諾
言부의 9획

훈음 허락할 낙

단어 承諾(승낙) : 청하는 말을 들어줌.
應諾(응낙) : 응하여 승낙함.

필순 言 言 言 訃 諾 諾 諾 諾

娘
女부의 7획

훈음 아가씨 낭

단어 娘子(낭자) : 처녀. 젊은 여자의 높임말.
娘子軍(낭자군) : 여자들로 조직한 군대.

필순 丨 女 女 女ˊ 妒 娘 娘 娘

耐
而부의 3획

훈음 견딜 내

단어 耐乏(내핍) : 궁핍함을 참고 견딤.
忍耐(인내) : 참고 견딤.

필순 一 丆 斤 而 而 耐 耐

寧
宀부의 11획

훈음 편안할 녕

단어 安寧(안녕) : 편안의 경칭. 안전하고 태평함.
寧日(영일) : 일이 없고 편안한 날. 평화로운 세월.

필순 宀 宀 宁 宓 寍 寍 寧 寧

3급 II 배정한자

奴
女부의 2획

훈음: 종 노
단어:
奴婢(노비) : 남자종과 여자종.
奴隷(노예) : 자유가 없이 남에게 부림을 당하는 사람.
필순: ㄑ 夊 女 奴 奴

奴

腦
肉부의 9획

훈음: 뇌 뇌
단어:
腦裏(뇌리) : 생각하는 머리 속.
腦膜(뇌막) : 두개골 속에 있어 머리 속의 뇌를 뜻함.
필순: 刀 月

腦

茶
艸부의 6획

훈음: 차 다,차
단어:
茶卓(다탁) : 찻그릇을 벌여 놓고 차를 따라 마시는 탁자.
葉茶(엽차) : 차 나무의 잎을 따서 만든 찻감. 또 그 물.
필순:

茶

旦
日부의 1획

훈음: 아침 단
단어:
元旦(원단) : 설날. 설날 아침.
旦暮(단모) : 아침과 저녁. 조석.
필순: 丨 冂 月 日 旦

旦

但
人부의 5획

훈음: 다만 단

단어:
但書(단서) : 조건이나 예외의 뜻을 나타내는 글.
但只(단지) : 다만. 겨우. 오직.

필순: ノ 亻 亻 仃 佀 但 但

丹
丶부의 3획

훈음: 붉을 단

단어:
丹心(단심) : 정성스러운 마음.
丹粧(단장) : 화장을 하고 머리나 옷차림 등의 모양을 냄.

필순: ノ 刀 月 丹

淡
水부의 8획

훈음: 맑을 담

단어:
淡素(담소) : 담담하고 소박함.
淡水(담수) : 짠맛이 없는 맑은 물.

필순: 氵 氵 氵 氵 沙 涉 淡 淡

踏
足부의 8획

훈음: 밟을 답

단어:
踏步(답보) : 제자리에 서서 하는 걸음.
踏査(답사) : 그 곳에 실지로 가서 보고 조사함.

필순: 口 p 屈 足 足 趵 踏 踏

3급 II 배정한자

唐
口부의 7획

훈음 황당할 당

단어 唐突(당돌) : 올차고 도랑도랑하여 조금도 꺼림이 없음.
唐藥(당약) : 한약.

필순 丶 亠 广 广 庐 庐 唐 唐

唐

臺
至부의 8획

훈음 돈대 대

단어 臺本(대본) : 연극, 영화 제작의 기본이 되는 각본.
臺詞(대사) : 배우가 무대 위에서 하는 말.

필순 士 吉 吉 高 高 高 臺 臺

臺

刀
刀부의 0획

훈음 칼 도

단어 刀劍(도검) : 칼이나 검의 총칭.
刀工(도공) : 칼을 만드는 사람.

필순 フ 刀

途
辶부의 7획

훈음 길 도

단어 途上(도상) : 길 위. 노상.
途中(도중) : 길을 가고 있는 동안. 왕래하는 사이.

필순 ノ 八 合 全 余 余 涂 途

途

陶
阜부의 8획

훈음 질그릇 도
단어 陶工(도공) : 옹기장이.
陶器(도기) : 오지 그릇.
필순 丨 卩 阝 阝 阝 阩 陶 陶 陶

突
穴부의 4획

훈음 갑자기 돌
단어 突發(돌발) : 일이 뜻밖에 일어남. 별안간 발생함.
突變(돌변) : 갑자기 변함.
필순 丶 宀 宀 宀 穴 空 突 突

絡
糸부의 6획

훈음 이을 락
단어 連絡(연락) : 서로 연고를 맺음. 이어 댐.
脈絡(맥락) : 혈관의 계통. 사물이 잇는 연계나 연관.
필순 幺 纟 糸 紗 紋 終 絡 絡

蘭
艸부의 17획

훈음 난초 란
단어 蘭草(난초) : 난초과의 여러해살이 풀.
蘭香(난향) : 난초의 향기.
필순 丶 艹 广 产 所 門 閒 蘭

3급 Ⅱ 배정한자

欄
木부의 17획

훈음 난간 란

단어
欄干(난간) : 나무나 쇠로 사람의 낙상을 막기 위한 살.
空欄(공란) : 지면에 글자 없이 비운 난.

필순 木 オ⌐ オ⌐¹ 門 欄 欄 欄 欄

欄

浪
水부의 7획

훈음 물결 랑

단어
浪費(낭비) : 쓸데없는 일에 시간과 돈을 씀.
浪說(낭설) : 터무니없는 소문.

필순 氵 氵 氵 氵 浪 浪 浪 浪

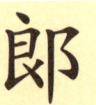

郎
邑부의 7획

훈음 사내 랑

단어
郎君(낭군) : 젊은 아내가 남편을 사랑스럽게 이르는 말.
郎子(낭자) : 남의 아들을 부르는 경칭. 영식. 영랑.

필순 ノ ユ ヨ 皀 皀 良 郎 郎

廊
广부의 10획

훈음 행랑 랑

단어
廊廟(낭묘) : 조정의 대정을 보살피는 전.
行廊(행랑) : 대문 양쪽에 있는 방.

필순 亠 广 广 庐 庐 庐 廊 廊

廊

涼
水부의 8획

훈음: 서늘할 량
단어: 涼氣(양기) : 서늘한 기운.
納涼(납량) : 여름에 더위를 피하여 서늘한 바람을 쐼.
필순: 氵 氵 氵 沪 沪 沪 涼 涼

勵
力부의 15획

훈음: 힘쓸 려
단어: 勵相(여상) : 장려하고 도와줌.
獎勵(장려) : 권하여 북돋워 줌.
필순: 一 厂 严 厏 厬 厲 勵 勵

曆
日부의 12획

훈음: 책력 력
단어: 曆書(역서) : 책력.
曆學(역학) : 책력에 관한 학문.
필순: 厂 厂 厈 厤 厤 厤 曆 曆

鍊
金부의 9획

훈음: 단련할 련
단어: 鍊金(연금) : 쇠붙이를 불에 달구어 단련함.
鍊磨(연마) : 단련하고 갊.
필순: 厶 午 金 釒 釦 鉰 鍾 鍊

聯
耳부의 11획

훈음 잇닿을 련
단어 聯關性(연관성) : 관련성. 서로 관계되는 성질.
聯立(연립) : 많은 사물이나 관계 등이 동시에 어울려 섬.
필순 丆 王 耳 耳 聯 聯 聯 聯

聯

戀
心부의 19획

훈음 사랑할 련
단어 戀愛(연애) : 남녀가 서로 사모하는 사랑.
戀情(연정) : 이성을 그리워하며 사모하는 마음.
필순 幺 糸 絲 結 絲 絲 戀 戀

戀

嶺
山부의 14획

훈음 고개 령
단어 嶺東(영동) : 태백산맥 동쪽.
峻嶺(준령) : 높고 험한 고개.
필순 屮 屵 岩 岩 峔 嶺 嶺 嶺

靈
雨부의 16획

훈음 신령 령
단어 靈物(영물) : 신령스러운 물건.
靈藥(영약) : 영험이 있는 좋은 약.
필순 千 雨 雨 霝 霏 霻 霻 靈

靈

爐
火 부의 16획

훈음 화로 로

단어
爐邊(노변) : 화롯가.
爐火(노화) : 화롯불.

필순 火 𤆼 炉 炉 㷪 爐 爐 爐

露
雨 부의 12획

훈음 이슬 로

단어
露骨(노골) : 뼈를 드러냄.
露宿(노숙) : 옥외에서 잠. 들에서 잠.

필순 宀 雨 雨 雨 㔻 㔻 露 露

弄
廾 부의 4획

훈음 희롱할 롱

단어
弄奸(농간) : 남을 농락하는 간사한 짓.
弄談(농담) : 실없이 하는 말장난.

필순 一 T 干 王 玉 丟 弄

賴
貝 부의 9획

훈음 힘입을 뢰

단어
依賴(의뢰) : 남에게 의지함. 남에게 부탁함.
信賴(신뢰) : 믿고 신용함.

필순 㠯 朿 束 剌 剌 剌 賴 賴

3급 II 배정한자

樓
木부의 11획

훈음 다락 루

단어 樓閣(누각) : 사방을 바라볼 수 있게 높이 지은 다락집.
樓臺(누대) : 이층 이상의 대.

필순 木 栌 栌 椙 樓 樓 樓 樓

倫
人부의 8획

훈음 인륜 륜

단어 倫理(윤리) : 사람이 지켜야 할 도리.
不倫(불륜) : 도덕에 벗어남.

필순 亻 亻 亽 伶 伶 伶 倫 倫

栗
木부의 6획

훈음 밤 률

단어 栗園(율원) : 밤나무가 많은 동산.
栗木(율목) : 밤나무.

필순 一 冖 兩 西 覀 乖 栗 栗

率
玄부의 6획

훈음 거느릴 솔, 비율 률

단어 比率(비율) : 어떤 수나 양의 다른 수나 양에 대한 비.
率直(솔직) : 거짓이나 숨김이 없이 바르고 곧음.

필순 亠 亠 玄 玄 汯 㳘 㳘 率

隆
阜부의 9획

훈음: 높을 륭
단어:
隆崇(융숭) : 매우 두텁게 여기거나 정성스레 대접함.
隆盛(융성) : 번영함. 힘이 성한 것.
필순: 彡 阝 阝⺈ 阝欠 阝夂 隆 降 隆

隆

陵
阜부의 8획

훈음: 언덕, 업신여길 릉
단어:
陵蔑(능멸) : 업신여겨 깔봄.
王陵(왕릉) : 임금의 무덤.
필순: 彡 阝 阝⺊ 阝⺀ 阝夫 陟 陵 陵

陵

吏
口부의 3획

훈음: 아전 리
단어:
吏卒(이졸) : 하급 관리.
官吏(관리) : 관직에 있는 사람. 벼슬아치.
필순: 一 丆 亓 吏 吏 吏

吏

裏
衣부의 7획

훈음: 속 리
단어:
裏面(이면) : 속, 안, 내면.
表裏(표리) : 겉과 안.
필순: 亠 亩 亩 审 重 裏 裏 裏

裏

3급II 배정한자 45

履

尸부의 12획

- **훈음**: 밟을 리
- **단어**:
  - 履歷(이력) : 지금까지의 학업, 직업 따위의 경력.
  - 履行(이행) : 실제로 몸소 행함.
- **필순**: ⼀ ⼫ ⼫ ⼫ 履 履 履 履

臨

臣부의 11획

- **훈음**: 임할 림
- **단어**:
  - 臨迫(임박) : 어떤 시기가 가까이 닥쳐옴.
  - 臨席(임석) : 직접 자리에 나아감.
- **필순**: ⼀ ⼻ ⾂ ⾂ 臣 臣 臨 臨 臨

莫

艸부의 7획

- **훈음**: 없을 막
- **단어**:
  - 莫强(막강) : 매우 강함.
  - 莫大(막대) : 더할 수 없이 큼.
- **필순**: ⼀ ⼀ ⼀ ⾋ 甘 苩 苩 莫 莫

幕

巾부의 11획

- **훈음**: 덮을 막
- **단어**:
  - 幕間(막간) : 연극에서 막과 막 사이.
  - 幕舍(막사) : 임시로 허름하고 간단하게 지은 집.
- **필순**: ⼀ ⼀ ⼀ ⾋ 甘 苩 莫 幕 幕

漠
水부의 11획

훈음 아득할 막
단어 漠漠(막막) : 멀어서 아득한 모양.
漠然(막연) : 아득한 모양. 어렴풋하여 똑똑하지 못함.
필순 丶 氵 氵 汁 浐 洦 渲 漠

妄
女부의 3획

훈음 망령 망
단어 妄想(망상) : 망령된 생각.
妄靈(망령) : 늙거나 정신이 흐려 언행이 정상을 벗어남.
필순 丶 亠 亡 忘 妄 妄

梅
木부의 7획

훈음 매화 매
단어 梅實(매실) : 매화나무의 열매.
梅香(매향) : 매화의 향기.
필순 十 木 木 朾 杧 栴 梅 梅

孟
子부의 5획

훈음 맹랑할,맏 맹
단어 孟浪(맹랑) : 거짓이 많아 믿을 수 없음.
孟陽(맹양) : 음력 정월의 다른 이름.
필순 乛 了 子 孑 盂 盂 孟 孟

3급 II 배정한자

猛
犬부의 8획

훈음: 사나울 맹
단어:
猛烈(맹렬) : 기세가 몹시 사납고 셈.
猛禽(맹금) : 성질이 사납고 육식하는 날짐승.
필순: 丨 犭 犭 犭 犷 猛 猛 猛

盲
目부의 3획

훈음: 소경 맹
단어:
盲目(맹목) : 먼 눈. 어두운 눈.
盲啞(맹아) : 소경과 벙어리.
필순: 丶 亠 亡 亡 盲 盲 盲 盲

盟
皿부의 8획

훈음: 맹세할 맹
단어:
盟邦(맹방) : 동맹을 맺은 나라.
盟誓(맹서) : 장래를 두고 다짐함.
필순: 冂 日 明 明 明 明 盟 盟

綿
糸부의 8획

훈음: 솜 면
단어:
綿絲(면사) : 무명실. 솜을 자아서 만든 실.
綿織(면직) : 무명실로 짠 피륙의 총칭.
필순: 乙 幺 幺 糸 紀 紀 綿 綿

眠
目부의 5획

훈음 잠잘 면

단어 睡眠(수면) : 잠을 잠, 또는 잠. 활동을 쉬는 상태의 비유.
冬眠(동면) : 어떤 동물의 겨울잠.

필순 丨 刀 月 目 目' 貯 貯 眠 眠

滅
水부의 10획

훈음 사라질 멸

단어 滅亡(멸망) : 망하여 없어짐.
滅族(멸족) : 한 가족, 한 겨레가 망하여 없어짐.

필순 氵 氵 汀 洊 泝 泝 滅 滅

銘
金부의 6획

훈음 새길 명

단어 銘記(명기) : 마음에 새겨 잊지 않음.
銘心(명심) : 쇠와 돌에 글자를 새기듯이 마음에 새김.

필순 人 仌 牟 金 釒 釕 釖 銘 銘

謀
言부의 9획

훈음 꾀할 모

단어 謀略(모략) : 남을 해치려고 쓰는 꾀.
謀免(모면) : 꾀를 써서 면함.

필순 言 言 言 計 討 詳 謀 謀

慕
心부의 11획

훈음: 사모할 모
단어: 戀慕(연모) : 그리워 늘 생각함.
思慕(사모) : 정을 들이여 애틋하게 생각하며 그리워함.
필순: 丶 ⺾ 艹 苩 莫 莫 慕 慕

貌
豸부의 7획

훈음: 얼굴 모
단어: 貌襲(모습) : 사람의 생긴 모양.
容貌(용모) : 사람의 얼굴 모양.
필순: 丶 ⺈ ⺘ 孑 豸 豹 豹 貌

睦
目부의 8획

훈음: 화목할 목
단어: 親睦(친목) : 서로 친해 화목함.
和睦(화목) : 서로 뜻이 맞고 정다움.
필순: 冂 月 目 目⁺ 目⁺ 睦 睦 睦

沒
水부의 4획

훈음: 빠질 몰
단어: 沒落(몰락) : 멸망함.
沒死(몰사) : 모두 죽음.
필순: 丶 丶 氵 氵 沙 汐 沒

夢
夕부의 11획

훈음 꿈 몽
단어 夢寐(몽매) : 잠을 자며 꿈을 꿈.
夢想(몽상) : 꿈에서까지 생각함. 또는 그 생각.
필순 ` 艹 芇 莤 莤 莔 夢 夢

蒙
艹부의 10획

훈음 어리석을, 어릴 몽
단어 蒙昧(몽매) : 사리에 어둡고 어리석음.
啓蒙(계몽) : 우매한 사람을 가르치고 깨우쳐 줌.
필순 ` 艹 芇 莤 莔 莢 蒙 蒙

茂
艹부의 5획

훈음 우거질 무
단어 茂林(무림) : 나무가 무성한 숲.
茂盛(무성) : 초목이 우거진 모양.
필순 一 十 艹 艹 芦 茂 茂

貿
貝부의 5획

훈음 바꿀 무
단어 貿易(무역) : 나라간에 팔고 사고 장사 거래를 함.
貿易商(무역상) : 수출입을 하는 상업.
필순 ` ⺈ ⺈ ⺈ 卯 卯 留 貿

3급II 배정한자

默

黑부의 4획

- **훈음**: 말없을 묵
- **단어**:
  - 默禱(묵도) : 말없이 마음속으로 하는 기도.
  - 默認(묵인) : 말 않고 슬그머니 허락함.
- **필순**: 冂 曰 甲 里 黑 黒 默 默

紋

糸부의 4획

- **훈음**: 무늬 문
- **단어**:
  - 紋織(문직) : 무늬를 넣어 짬. 무늬가 돋아나게 짠 옷감.
  - 波紋(파문) : 물결의 무늬, 즉 수면에 이는 잔 물결.
- **필순**: ㇑ 幺 糹 糸 紒 紋 紋 紋

勿

勹부의 2획

- **훈음**: 말 물
- **단어**:
  - 勿驚(물경) : 놀라지 마라. 엄청남을 이르는 말.
  - 勿論(물론) : 더 말할 것도 없음.
- **필순**: 丿 勹 勺 勿

微

彳부의 10획

- **훈음**: 작을 미
- **단어**:
  - 微細(미세) : 가늘고 작음.
  - 微弱(미약) : 작고 약함.
- **필순**: 彳 彳 彳 彳 彳 微 微 微

迫
辶부의 5획

- **훈음**: 닥칠 박
- **단어**:
  - 迫頭(박두) : 절박하게 닥쳐옴.
  - 迫害(박해) : 못견디게 해롭게 함.
- **필순**: ′ ⺅ ⺇ 卢 白 ʼ白 迫 迫

薄
艹부의 14획

- **훈음**: 엷을 박
- **단어**:
  - 薄待(박대) : 불친절한 대우. 냉담한 대접.
  - 薄福(박복) : 복이 없음. 불행.
- **필순**: 亠 艹 汢 芦 荳 蓮 薄 薄

飯
食부의 4획

- **훈음**: 밥 반
- **단어**:
  - 飯酒(반주) : 식사와 곁들여 먹는 술.
  - 飯饌(반찬) : 밥에 곁들여서 먹는 온갖 음식.
- **필순**: ⺈ 乆 今 食 食 飣 飯 飯

培
土부의 8획

- **훈음**: 북돋울 배
- **단어**:
  - 培養(배양) : 식물을 가꾸어 기름.
  - 栽培(재배) : 식물을 심어 가꿈.
- **필순**: 十 土 圤 圤 垃 培 培 培

3급 II 배정한자

排
手부의 8획

훈음 물리칠 배

단어 排擊(배격) : 배척하고 공격함.
排氣(배기) : 공기를 밖으로 뽑아냄.

필순 亅 扌 扌 扑 扑 扌 拝 排

排

輩
車부의 8획

훈음 무리 배

단어 輩出(배출) : 인재가 계속하여 많이 나옴.
年輩(연배) : 서로 비슷한 나이, 또 그런 사람.

필순 ㅣ ㅋ ㅋㅣ ㅋㅐ 非 悲 輩 輩

輩

伯
人부의 5획

훈음 맏 백

단어 伯父(백부) : 큰아버지.
伯氏(백씨) : 남의 맏형을 일컫는 말.

필순 ノ 亻 亻 亻' 伯 伯 伯

伯

繁
糸부의 11획

훈음 번성할 번

단어 繁盛(번성) : 형세가 늘어나 잘됨.
繁昌(번창) : 번화하여 창성함.

필순 〜 白 每 每 敏 繁 繁

繁

54

凡
几부의 1획

- **훈음**: 무릇 범
- **단어**:
  - 凡例(범례) : 일러두기.
  - 凡失(범실) : 대수롭지 않은 상황에서 저지르는 실책.
- **필순**: ノ 几 凡

碧
石부의 9획

- **훈음**: 푸를 벽
- **단어**:
  - 碧溪(벽계) : 푸른빛이 도는 시냇물.
  - 碧眼(벽안) : 눈동자가 파란 눈.
- **필순**: 一 丆 王 玕 珀 珀 珸 碧 碧

丙
一부의 4획

- **훈음**: 남쪽 병
- **단어**:
  - 丙科(병과) : 과거의 성적에 따라 나눈 등급의 하나.
  - 丙時(병시) : 24시의 12째 시.
- **필순**: 一 丆 丙 丙 丙

補
衣부의 7획

- **훈음**: 도울 보
- **단어**:
  - 補償(보상) : 남의 손해를 채워줌.
  - 補身(보신) : 보약을 먹어 몸을 보함.
- **필순**: 丶 亠 ネ ネ 衤 衤 袹 補 補

3급 II 배정한자

腹
肉부의 9획

훈음: 배 복
단어:
- 腹部(복부): 배의 부분.
- 腹案(복안): 마음속에 있는 생각.

필순: 刀 月 肝 肝 胪 胪 腹 腹

封
寸부의 6획

훈음: 봉할 봉
단어:
- 封墳(봉분): 흙을 덮어 무덤을 만듦.
- 封印(봉인): 봉투 따위의 봉한 자리에 인장을 찍음.

필순: 一 十 土 丰 圭 圭 封 封

峯
山부의 7획

훈음: 봉우리 봉
단어:
- 峯頭(봉두): 산봉우리, 꼭대기.
- 上峯(상봉): 그 중 가장 높은 산봉우리.

필순: ノ 屮 山 屮 岁 峑 峯 峯

逢
辶부의 7획

훈음: 만날 봉
단어:
- 逢別(봉별): 만남과 이별.
- 相逢(상봉): 서로 만남.

필순: ノ 夂 夂 夅 夆 逄 逢 逢

扶
手부의 4획

훈음 도울 부

단어 扶養(부양) : 생활 능력이 없는 사람의 생활을 돌봄.
扶助(부조) : 도와 줌. 힘을 더해 줌.

필순 一 十 扌 扌 扌 抂 扶

付
人부의 3획

훈음 줄,부칠 부

단어 付送(부송) : 물건을 부쳐서 보냄.
付託(부탁) : 남에게 의뢰함.

필순 ノ 亻 亻 付 付

附
阜부의 5획

훈음 붙을 부

단어 附近(부근) : 가까운 언저리.
附記(부기) : 원문에 붙여 적음.

필순 一 阝 阝 阝 附 附 附 附

符
竹부의 5획

훈음 붙을 부

단어 符合(부합) : 꼭 들어 맞음.
符號(부호) : 기호.

필순 ノ ト ᅩ ᄮ ᄮ 竹 符 符 符

3급 II 배정한자

훈음 뜰 부

단어 浮浪(부랑) : 직업이 없이 이리저리 떠돌아 다니는 것.
浮沈(부침) : 물 위에 떠올랐다가 잠겼다 함.

水부의 7획

필순 氵 氵 氵 氵 氵 浮 浮 浮

훈음 장부 부

단어 簿記(부기) : 장부에 기입함.
帳簿(장부) : 금품의 수입 지출을 기록함.

竹부의 13획

필순 ⺮ ⺮ 笁 笁 笓 簿 簿 簿

훈음 떨칠 분

단어 奮發(분발) : 마음을 단단히 먹고 기운을 내어 일어남.
奮鬪(분투) : 있는 힘을 다해 싸움.

大부의 13획

필순 一 ナ 大 本 奞 奮 奮 奮

훈음 어지러울 분

단어 紛亂(분란) : 어수선하고 떠들썩 함.
紛然(분연) : 혼잡한 모양.

糸부의 4획

필순 乚 幺 幺 糸 糸 紛 紛 紛

奔
大부의 6획

- **훈음**: 달아날 분
- **단어**:
  - 奔散(분산) : 갈라져 흩어짐.
  - 奔走(분주) : 몹시 바쁨.
- **필순**: 一 ナ 大 太 本 夲 夲 奔

妃
女부의 3획

- **훈음**: 왕비 비
- **단어**:
  - 妃氏(비씨) : 왕비로 뽑힌 아가씨를 일컫는 말.
  - 妃妾(비첩) : 첩, 소실.
- **필순**: 〈 女 女 妃 妃 妃

婢
女부의 8획

- **훈음**: 계집종 비
- **단어**:
  - 婢女(비녀) : 계집종.
  - 奴婢(노비) : 사내종과 계집종의 총칭.
- **필순**: 〈 女 女 妒 妒 婢 婢 婢

卑
十부의 6획

- **훈음**: 낮을 비
- **단어**:
  - 卑劣(비열) : 성품과 행실이 천하고 용열함.
  - 卑賤(비천) : 신분이 낮고 천함.
- **필순**: ′ ′ 冂 白 白 申 甶 卑

3급Ⅱ 배정한자

肥
肉부의 4획

- **훈음**: 살찔 비
- **단어**:
  - 肥大(비대) : 살쪄서 몸집이 뚱뚱함.
  - 肥鈍(비둔) : 비대하여 거동이 둔함.
- **필순**: 丿 刀 月 月 月⁻ 月⁻ 月⁻ 肥

肥

祀
示부의 3획

- **훈음**: 제사 사
- **단어**:
  - 祀稷(사직) : 한 왕조의 기초. 나라 또는 조정.
  - 祭祀(제사) : 신령에게 음식을 바쳐 정성을 표하는 예절.
- **필순**: 一 二 于 亓 示 示 祀 祀

司
口부의 2획

- **훈음**: 맡을 사
- **단어**:
  - 司諫(사간) : 임금의 잘못을 간하는 일을 맡던 벼슬.
  - 司會(사회) : 진행을 맡아 보는 사람.
- **필순**: 丁 刁 司 司 司

司

詞
言부의 5획

- **훈음**: 말씀 사
- **단어**:
  - 歌詞(가사) : 노래의 내용이 되는 문구. 노랫말.
  - 品詞(품사) : 단어를 문법상으로 분류한 갈래.
- **필순**: 亠 ⺡ 言 言 訁 訂 訂 詞

沙
水부의 4획

훈음 모래 사

단어
沙器(사기) : 사기 그릇.
沙漠(사막) : 크고 넓은 불모의 모래벌판.

필순 丶 丶 氵 氵 沙 沙 沙

邪
邑부의 4획

훈음 간사할 사

단어
邪見(사견) : 사악한 생각. 도리에 어긋난 마음.
邪道(사도) : 부정한 길.

필순 一 匚 牙 牙 牙 邪 邪

森
木부의 8획

훈음 빽빽할 삼

단어
森林(삼림) : 나무가 많이 우거져 있는 곳.
森嚴(삼엄) : 조용하고 엄숙한 모양.

필순 一 十 ナ 木 杰 森 森 森

尙
小부의 5획

훈음 높일, 오히려 상

단어
崇尙(숭상) : 높여 소중히 여김.
尙存(상존) : 아직 존재함.

필순 丨 丬 小 小 尙 尙 尙 尙

3급Ⅱ 배정한자

裳

- **훈음**: 치마 상
- **단어**:
  - 裳繡(상수) : 치마에 수를 놓음.
  - 紅裳(홍상) : 다홍 치마.
- **필순**: 丷 艹 芍 芮 堂 堂 堂 裳

衣부의 8획

詳

- **훈음**: 자세할 상
- **단어**:
  - 詳細(상세) : 속속들이 자세함.
  - 詳述(상술) : 자세히 진술함.
- **필순**: 一 亠 言 言 言' 言' 詳 詳 詳

言부의 6획

喪

- **훈음**: 잃을 상
- **단어**:
  - 喪事(상사) : 초상이 난 일.
  - 喪心(상심) : 본심을 잃음.
- **필순**: 一 口 吅 吅 哭 哭 哭 喪

口부의 9획

像

- **훈음**: 형상 상
- **단어**:
  - 佛像(불상) : 부처의 상.
  - 畫像(화상) : 사람의 얼굴을 그림으로 그린 형상.
- **필순**: 亻 俨 俨 俨 傍 像 像 像

人부의 12획

霜
雨부의 9획

훈음 서리 상

단어 霜雪(상설) : 서리와 눈. 서리와 눈처럼 결백함을 이름.
霜害(상해) : 서리로 입는 농작물의 피해. 서리 피해.

필순 一 〒 而 雨 零 零 霜 霜

霜

索
糸부의 4획

훈음 쓸쓸할 삭, 찾을 색

단어 索莫(삭막) : 황폐하여 쓸쓸한 모양.
索出(색출) : 뒤져서 찾아냄.

필순 一 十 ナ 古 壺 索 索 索

索

恕
心부의 6획

훈음 용서할 서

단어 恕免(서면) : 지은 죄를 용서하여 면하게 함.
容恕(용서) : 잘못이나 죄를 꾸짖거나 벌하지 않고 끝냄.

필순 夕 女 如 如 如 恕 恕

恕

徐
彳부의 7획

훈음 천천히 서

단어 徐步(서보) : 천천히 걷는 걸음.
徐行(서행) : 천천히 감.

필순 彳 彳 彳 徐 徐 徐 徐

徐

3급 II 배정한자

署
网부의 9획

훈음 관청, 쓸 서

단어
署名(서명) : 서류 등에 책임소재를 위해 직접 이름을 씀.
官署(관서) : 관청.

필순 冖 罒 罒 甼 罗 署 署 署

緒
糸부의 9획

훈음 실마리 서

단어
緖論(서론) : 본론의 머리말이 되는 논설.
緖戰(서전) : 전쟁의 발단이 되는 싸움.

필순 纟 糸 糸 紷 紷 絆 緒 緒

惜
心부의 8획

훈음 아낄 석

단어
惜閔(석민) : 아끼고 슬퍼함.
惜別(석별) : 서로 헤어짐을 애석히 여김.

필순 丶 忄 忄 忄 忄 惜 惜 惜

釋
釆부의 13획

훈음 풀 석

단어
釋放(석방) : 구속하였던 것을 풀고 자유롭게 함.
解釋(해석) : 문장이나 사물의 뜻을 이해하고 설명함.

필순 亠 罙 釆 釈 釈 釋 釋 釋

旋
方부의 7획

훈음: 돌 선
단어: 凱旋(개선) : 전쟁에서 이기고 돌아옴.
旋回(선회) : 빙빙 돎.
필순: 亠 方 方 方 斺 斻 旋 旋

訴
言부의 5획

훈음: 하소연할 소
단어: 訴訟(소송) : 법률상의 판결을 법원에 요구하는 절차.
訴願(소원) : 호소하여 청원함.
필순: 亠 ニ 言 言 訁 訃 訢 訴

疏
疋부의 7획

훈음: 트일 소
단어: 疏遠(소원) : 사이가 탐탁하지 않고 먼 것.
疏通(소통) : 막히지 않고 트임. *疎자와 同字.
필순: 一 𠃍 ⺊ 疋 疋 正 疒 疏 疏

蘇
艸부의 16획

훈음: 깨어날 소
단어: 蘇復(소복) : 병이 나은 뒤 원기가 회복됨.
蘇生(소생) : 다시 살아남.
필순: 丶 艹 芍 芇 蒰 薪 蘇 蘇

3급 II 배정한자

刷

刀부의 6획

훈음: 인쇄할, 솔질할 쇄

단어:
刷新(쇄신) : 묵은 걸 없애고 새롭게 함.
印刷(인쇄) : 종이나 천 등에 박아 많이 복제하는 것.

필순: 一 コ 尸 尸 尸 吊 吊 刷 刷

衰

衣부의 4획

훈음: 쇠할 쇠

단어:
衰亡(쇠망) : 쇠하여 망함.
衰弱(쇠약) : 몸이 쇠약해짐.

필순: 一 亠 产 吉 声 产 衰 衰

帥

巾부의 6획

훈음: 장수 수

단어:
元帥(원수) : 군인의 가장 높은 계급. 대장의 위.
將帥(장수) : 군사의 우두머리.

필순: ′ 亻 亻 阝 自 自 訃 帥

殊

歹부의 6획

훈음: 다를 수

단어:
特殊(특수) : 특별히 다름.
殊常(수상) : 보통과 달리 이상함.

필순: 一 ゟ ゟ 歹一 殊 殊

隨

阜부의 13획

훈음 따를 수

단어 隨想(수상) : 생각나는 대로 때에 따라 느끼는 것.
隨時(수시) : 그때 그때에 따름.

필순 阝 阝 阝⁻ 阝⁻ 阝⁻ 阼 隋 隨 隨

隨

愁

心부의 9획

훈음 근심 수

단어 愁心(수심) : 근심스러운 마음.
憂愁(우수) : 근심과 걱정.

필순 二 千 禾 秋 秋 秋 愁 愁

愁

需

雨부의 6획

훈음 구할 수

단어 需要(수요) : 필요해서 얻고자 함.
需用(수용) : 구하여 씀.

필순 一 一 雨 雨 雫 雫 雫 需

需

壽

士부의 11획

훈음 목숨 수

단어 壽命(수명) : 살아 있는 동안의 목숨.
壽筵(수연) : 장수를 축하하는 잔치.

필순 十 土 士 丰 圭 壽 壽 壽

壽

3급 II 배정한자

輸
車부의 9획

훈음 나를 수

단어 輸入(수입) : 외국에서 물품을 들여옴.
輸出(수출) : 실어서 내보냄. 외국으로 물품을 팔아 냄.

필순 一 亘 車 軒 軟 軨 輪 輸

獸
犬부의 15획

훈음 짐승 수

단어 獸心(수심) : 짐승처럼 사납고 모진 마음.
鳥獸(조수) : 날짐승과 길짐승.

필순 ㅁ ㅁㅁ 罒 罒 留 嘼 獸 獸

淑
水부의 8획

훈음 맑을 숙

단어 淑女(숙녀) : 선량하고 부덕이 있는 여자. 정숙한 여자.
淑德(숙덕) : 정숙하고 단아한 여성의 미덕.

필순 氵 氵 沪 沪 汁 沫 淑 淑

熟
火부의 11획

훈음 익을 숙

단어 熟達(숙달) : 익숙하고 통달함.
熟知(숙지) : 익히 앎.

필순 亠 古 亨 享 刲 孰 孰 熟

日 부의 2획

훈음 열흘 순

단어 旬刊(순간) : 열흘에 한 번 간행함. 또는 그 간행물.
旬朔(순삭) : 열흘과 초하루.

필순 ノ 勹 勹 旬 旬 旬

辶 부의 4획

훈음 돌 순

단어 巡杯(순배) : 술잔을 차례로 돌림. 또는 그 술잔.
巡廻(순회) : 여러 곳을 돌아다님.

필순 〈 〈〈 〈〈〈 ´〈〈〈 ˋ〈〈〈 巡 巡

目 부의 12획

훈음 잠깐 순

단어 瞬間(순간) : 눈 깜짝할 동안.
瞬息間(순식간) : 매우 짧은 시간.

필순 目 目´ 目″ 瞬 瞬 瞬 瞬 瞬

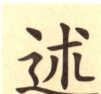

辶 부의 5획

훈음 지을, 말할 술

단어 著述(저술) : 글을 지어 책을 만듦.
述懷(술회) : 마음 먹은 여러 생각을 말함. 또는 그 말.

필순 一 十 才 才 朮 朮 述 述

拾

手부의 6획

훈음: 주울 습

단어:
拾得(습득) : 주움.
收拾(수습) : 흩어진 물건을 모음.

필순: 一 † 扌 扩 拎 拎 拾 拾

襲

衣부의 16획

훈음: 엄습할 습

단어:
襲擊(습격) : 갑자기 적을 엄습하여 침.
來襲(내습) : 갑자기 쳐들어 옴.

필순: 亠 音 訁 龍 龍 龒 龖 襲

昇

日부의 4획

훈음: 오를 승

단어:
昇格(승격) : 격을 올림.
昇級(승급) : 등급이 오름. 진급.

필순: 丨 冂 日 日 旦 昇 昇 昇

僧

人부의 12획

훈음: 중 승

단어:
僧軍(승군) : 중으로 조직된 군대.
僧舞(승무) : 중처럼 차려 입고 풍류에 맞춰 추는 춤.

필순: 亻 亻 伫 俨 伸 僧 僧 僧

乘
ノ부의 9획

- **훈음**: 탈 승
- **단어**:
  - 乘馬(승마): 말을 탐.
  - 乘合(승합): 여러 사람이 함께 탐.
- **필순**: 一 二 三 千 禾 禾 乖 乘 乘

侍
人부의 6획

- **훈음**: 모실 시
- **단어**:
  - 侍女(시녀): 곁에서 시중드는 여자.
  - 侍醫(시의): 임금에게 딸린 의사.
- **필순**: 丿 亻 亻 仁 仕 侍 侍 侍

飾
食부의 5획

- **훈음**: 꾸밀 식
- **단어**:
  - 裝飾(장식): 치장하여 꾸밈. 또 그 꾸밈새.
  - 虛飾(허식): 거짓으로 꾸밈.
- **필순**: 人 人 今 食 食 飣 飾 飾

愼
心부의 10획

- **훈음**: 삼갈 신
- **단어**:
  - 愼重(신중): 매우 조심스러움.
  - 愼言(신언): 말을 함부로 하지 않음.
- **필순**: 丶 忄 忄 忄 忄 愼 愼 愼

3급 II 배정한자

甘 부의 4획

훈음 심할 심

단어 甚難(심난) : 매우 어려움.
甚至於(심지어) : 심하면, 심하게는.

필순 一 艹 十 甘 其 其 其 甚

宀 부의 12획

훈음 살필 심

단어 審問(심문) : 자세히 따져 물음.
審査(심사) : 자세히 조사함. 심의하여 조사함.

필순 宀 宂 宊 宋 宋 宷 審 審

佳 부의 10획

훈음 둘 쌍

단어 雙罰罪(쌍벌죄) : 범법상 당사자 양쪽을 함께 처벌하는 죄.
雙方(쌍방) : 양쪽.

필순 亻 亻 仆 隹 隹 隼 雔 雙 雙

二 부의 6획

훈음 버금 아

단어 亞流(아류) : 어떤 학설이나 주의를 뒤따름.
亞州(아주) : 아시아의 총칭.

필순 一 丆 亣 西 西 西 亞

我
戈부의 3획

훈음 나 아

단어 我軍(아군) : 우리편의 군대.
我執(아집) : 자신만을 내세워 버팀.

필순 ノ 一 千 手 我 我 我

阿
阜부의 5획

훈음 아첨할, 언덕 아

단어 阿附(아부) : 남의 비위를 맞추기 위해 알랑거림.
阿丘(아구) : 한 쪽이 높은 언덕.

필순 ' ㄱ ㅏ ㅏ 阝 阿 阿 阿

雅
隹부의 4획

훈음 고울 아

단어 雅量(아량) : 깊고 너그러운 도량.
優雅(우아) : 아담하고 고상해서 기품이 있음.

필순 一 匸 牙 邪 雅 雅 雅 雅

岸
山부의 5획

훈음 언덕 안

단어 岸壁(안벽) : 낭떠러지의 물가.
沿岸(연안) : 강, 호수 또는 바닷가를 따라서 있는 지방.

필순 ' 屮 屮 屮 屵 岸 岸 岸

3급 II 배정한자

	훈음	얼굴 안
顔 頁부의 9획	단어	顔面(안면) : 얼굴. 顔色(안색) : 얼굴에 나타나는 기색.
	필순	亠 产 产 彦 彦 彦 頚 顔 顔

	훈음	바위 암
巖 山부의 20획	단어	巖壁(암벽) : 벽 모양으로 깎아지른 듯 높이 솟은 바위. 巖石(암석) : 바위.
	필순	山 屵 岜 岸 岸 崖 崖 巖

	훈음	가운데 앙
央 大부의 2획	단어	中央(중앙) : 사방에서 한가운데가 되는 곳. 震央(진앙) : 지진의 진원(震源)의 바로 위의 지점.
	필순	丿 冂 口 央 央

	훈음	우러를 앙
仰 人부의 4획	단어	仰望(앙망) : 우러러 바람. 仰請(앙청) : 우러러 청함.
	필순	丿 亻 亻 仰 仰 仰

哀
口부의 6획

훈음 슬플 애

단어 哀悼(애도) : 죽음을 슬퍼함.
哀惜(애석) : 슬프고 아깝게 여김.

필순 丶 亠 亠 吂 亡 亨 亨 哀

若
艹부의 5획

훈음 같을 약

단어 若干(약간) : 얼마 안됨. 얼마쯤.
萬若(만약) : 만일.

필순 丶 十 ㅏ 艹 艹 芢 若 若

揚
手부의 9획

훈음 오를 양

단어 揚名(양명) : 이름을 드날림.
揚水(양수) : 물을 위로 퍼올림.

필순 十 扌 扩 押 押 捍 捐 揚

讓
言부의 17획

훈음 사양할 양

단어 讓渡(양도) : 권리 따위를 넘겨줌.
讓步(양보) : 어떤 것을 사양하여 남에게 미루어 줌.

필순 言 言 言 諄 諄 諄 讓 讓

훈음 흙 양
단어 土壤(토양) : 곡식이 생장할 수 있는 흙.

土부의 17획

필순 土 扩 坩 坤 坤 壇 壤 壤

훈음 모실 어
단어 御寶(어보) : 임금의 옥새와 옥보.
御前(어전) : 임금님의 앞.

彳부의 8획

필순 彳 彳 彳 彳 彳 徉 徉 御 御

훈음 누를 억
단어 抑留(억류) : 억지로 잡아둠.
抑壓(억압) : 억눌러 압박함.

手부의 4획

필순 一 十 扌 扌 扣 扣 抑

훈음 생각할 억
단어 追憶(추억) : 지난 일을 돌이켜 생각함.
記憶(기억) : 마음속에 간직하여 잊지 아니함.

心부의 13획

필순 丶 忄 忄 忄 怜 情 憶 憶

亦

亠부의 4획

훈음: 또 역
단어:
亦然(역연) : 또한 그러하다.
亦是(역시) : 또한. 전에 생각했던 대로.
필순: ` 一 ナ ガ 亣 亦

役

彳부의 4획

훈음: 부릴 역
단어:
役夫(역부) : 삯일하는 사람. 남을 천대하는 말.
役割(역할) : 각자가 맡은 일.
필순: ` ´ 彳 彳 彳⁻ 役 役

譯

言부의 13획

훈음: 번역할 역
단어:
譯者(역자) : 번역한 사람.
譯解(역해) : 번역하여 풀이함.
필순: 言 訂 訳 評 評 譯 譯 譯

驛

馬부의 13획

훈음: 정거장 역
단어:
驛舍(역사) : 역으로 쓰는 건물.
驛前(역전) : 역앞. 역두.
필순: 丨 刂 馬 馬 馭 驛 驛 驛

3급 II 배정한자

沿
水부의 5획

훈음 물따라내려갈 연
단어 沿岸(연안) : 강물이나 바닷물이 흘러가는 가장자리.
沿革(연혁) : 변천의 내력.
필순 ` 冫 氵 氻 沿 沿 沿 沿

宴
宀부의 7획

훈음 잔치 연
단어 宴席(연석) : 잔치하는 자리.
宴會(연회) : 축하나 환영의 잔치.
필순 ` 宀 宁 宇 宙 宴 宴 宴

軟
車부의 4획

훈음 연할 연
단어 軟骨(연골) : 연한 뼈.
軟弱(연약) : 연하고 약함. 신체 및 의지가 굳세지 아니함.
필순 一 冂 冃 冄 車 軒 軒 軟

悅
心부의 7획

훈음 기쁠 열
단어 悅樂(열락) : 기뻐하고 즐거워 함.
喜悅(희열) : 기쁨과 즐거움.
필순 ` 忄 忄 忄 悅 悅 悅 悅

染

木부의 5획

- **훈음**: 물들 염
- **단어**:
  - 染色(염색) : 피륙의 물을 들임.
  - 汚染(오염) : 더럽게 물듦.
- **필순**: 丶 丶 氵 氿 氿 氿 染 染

影

彡부의 12획

- **훈음**: 그림자 영
- **단어**:
  - 影印(영인) : 서적 따위를 사진으로 찍어서 인쇄함.
  - 影像(영상) : 초상을 그린 족자.
- **필순**: 冂 日 旦 呈 昌 롣 景 影

譽

言부의 14획

- **훈음**: 기릴 예
- **단어**:
  - 名譽(명예) : 세상에서 훌륭하다고 일컬어지는 이름.
  - 榮譽(영예) : 빛나는 명예.
- **필순**: ｆ ｆ 臼 臼 㐅 與 與 譽

悟

心부의 7획

- **훈음**: 깨달을 오
- **단어**:
  - 悟道(오도) : 번뇌를 해탈하고 불계에 들어가는 길.
  - 悟性(오성) : 판단하는 마음의 능력.
- **필순**: 丶 忄 忄 忄 悟 悟 悟 悟

3급 II 배정한자

훈음: 까마귀 오
단어: 烏骨鷄(오골계) : 닭의 일종. 뼈, 살, 가죽이 다 검은 닭.
烏竹(오죽) : 검은 대나무.
필순: ′ ⺁ ⺁ ⺁ ⺁ 烏 烏 烏

火부의 6획

훈음: 감옥 옥
단어: 獄苦(옥고) : 옥살이 하는 고생.
監獄(감옥) : 교도소의 전 이름.
필순: 犭 犭 犭 犭 犭 犭 獄 獄

犬부의 10획

훈음: 욕될 욕
단어: 辱說(욕설) : 남을 저주하는 말. 남을 미워하는 말.
侮辱(모욕) : 깔보고 욕되게 함.
필순: 一 厂 厈 尻 辰 辰 辱 辱

辰부의 3획

훈음: 바랄 욕
단어: 欲望(욕망) : 부족을 느끼고 그것을 채우려고 희망함.
欲情(욕정) : 색욕.
필순: ′ ⺈ ⺈ 谷 谷 谷 欲 欲

欠부의 7획

慾
心부의 11획

훈음 욕심 욕
단어 慾心(욕심) : 몹시 탐내거나 누리고 싶어하는 마음.
慾望(욕망) : 하고자 하거나 가지려고 간절히 바람.
필순 ハ ハ 谷 谷 谷 欲 慾 慾

宇
宀부의 3획

훈음 집 우
단어 宇宙(우주) : 온 세상과 유구한 시간. 천지간의 공간.
宇宙人(우주인) : 지구 외 다른 행성에 사는 생물.
필순 ヽ 宀 宀 宁 宇 宇

偶
人부의 9획

훈음 짝, 우연 우
단어 偶數(우수) : 짝수.
偶然(우연) : 뜻밖에 저절로 되는 일.
필순 亻 亻 亻 亻 偶 偶 偶 偶

愚
心부의 9획

훈음 어리석을 우
단어 愚鈍(우둔) : 어리석고 둔함.
愚民(우민) : 어리석은 백성.
필순 冂 日 甲 禺 禺 禺 愚 愚

3급 II 배정한자

- 훈음: 근심 우
- 단어: 憂慮(우려) : 근심. 걱정.
  憂鬱(우울) : 마음이 답답함.
- 心 부의 11획
- 필순: 丆 百 亘 㥜 㥜 㥽 憂

憂

- 훈음: 운,운치 운
- 단어: 韻文(운문) : 운자를 달아 지은 글. 운율이 나타나게 쓴 글.
  韻致(운치) : 고아한 품위가 있는 것.
- 音 부의 10획
- 필순: 亠 立 音 音 韵 韵 韻 韻

韻

- 훈음: 넘을 월
- 단어: 越權(월권) : 남의 직권을 범함.
  越等(월등) : 사물의 정도의 차이가 아주 큼.
- 走 부의 5획
- 필순: 土 キ 走 走 赴 赿 越 越

越

- 훈음: 이를 위
- 단어: 謂何(위하) : 무엇이라 말하는가.
  所謂(소위) : 세상에서 말하는 바.
- 言 부의 9획
- 필순: 亠 言 言 訂 詞 謂 謂 謂

謂

幼

훈음 어릴 유

단어
幼年(유년) : 어린 나이.
幼蟲(유충) : 알에서 깨어 아직 성충이 되지 못한 벌레.

幺 부의 2획

필순 〈 幺 幺 幻 幼

猶

훈음 오히려 유

단어
猶豫(유예) : 일이나 날짜를 미룸. 일을 할까 말까 망설임.
猶爲不足(유위부족) : 오히려 모자람.

犬 부의 9획

필순 丿 犭 犭 犲 犲 猶 猶 猶

幽

훈음 그윽할 유

단어
幽谷(유곡) : 깊은 산골.
幽閉(유폐) : 깊이 가두어 둠.

幺 부의 6획

필순 丨 丨 纟 纟 纟 纟 幽 幽

柔

훈음 부드러울 유

단어
柔順(유순) : 성질이 온화하고 공손함. 온순.
柔軟(유연) : 부드럽고 연함.

木 부의 5획

필순 ⼁ ⼂ ⽭ 予 矛 柔 柔 柔

3급 II 배정한자

悠
心부의 7획

훈음 멀, 한가할 유

단어 悠久(유구) : 연대가 길고 오래됨.
悠悠自適(유유자적) : 자기 나름대로 조용히 생각하는 일.

필순 亻 亻 忄 攸 攸 攸 悠 悠

維
糸부의 8획

훈음 벼리, 이을 유

단어 維新(유신) : 묵은 제도를 아주 새롭게 고침.
維持(유지) : 지탱해 나감.

필순 乚 幺 糸 糸 紀 紌 紲 維

裕
衣부의 7획

훈음 넉넉할 유

단어 裕福(유복) : 살림이 넉넉함.
餘裕(여유) : 넉넉하여 남음.

필순 丶 亠 宀 衤 衤 衫 裕 裕

誘
言부의 7획

훈음 꾈 유

단어 誘引(유인) : 남을 꾀어냄.
誘惑(유혹) : 마음을 현혹시켜 꾐.

필순 亠 言 言 言 計 誘 誘 誘

潤
水 부의 12획

훈음 윤택할 윤

단어
潤氣(윤기) : 윤택한 기운.
潤色(윤색) : 글이나 물감을 가하여 수식함.

필순 氵 氵 氵 沪 沪 泗 潤 潤

乙
乙 부의 0획

훈음 새 을

단어
乙骨(을골) : 범의 가슴 양쪽에 있는 을자형의 뼈.
乙丑(을축) : 육십 갑자의 두 번째.

필순 乙

已
己 부의 0획

훈음 이미 이

단어
已事(이사) : 이미 지나간 일.
已往(이왕) : 이미. 그 전. 기왕.

필순 一 コ 已

翼
羽 부의 11획

훈음 날개 익

단어
一翼(일익) : 한쪽 부분. 한 가지 구실.
左翼手(좌익수) : 야구에서 외야의 좌익을 지키는 선수.

필순 丨 ヨ ヨㄱ ヨヨ 翌 習 翼 翼

3급 II 배정한자

忍
心부의 3획

- **훈음**: 참을 인
- **단어**:
  - 忍苦(인고) : 고통을 참음.
  - 忍耐(인내) : 참고 견딤.
- **필순**:

忍

逸
辶부의 8획

- **훈음**: 편안할, 숨을 일
- **단어**:
  - 安逸(안일) : 편안하고 한가함.
  - 逸話(일화) : 아직 세상에 알려지지 않은 이야기.
- **필순**:

逸

壬
士부의 1획

- **훈음**: 아홉째천간, 북방 임
- **단어**:
  - 壬亂(임란) : 임진왜란의 준말.
  - 壬方(임방) : 서쪽에서 조금 북방에 가까운 방위.
- **필순**:

壬

慈
心부의 10획

- **훈음**: 사랑 자
- **단어**:
  - 慈悲(자비) : 사랑하고 가엾이 여김.
  - 慈善(자선) : 불쌍히 여겨 도와줌. 사랑이 많고 착함.
- **필순**:

慈

暫
日 부의 11획

훈음 잠깐 잠

단어
暫間(잠간) : 오래지 아니함.
暫時(잠시) : 짧은 시간. 잠시간. 오래지 아니한 동안.

필순 一 厂 日 旦 車 軒 斬 斬 暫 暫

潛
水 부의 12획

훈음 잠길 잠

단어
潛伏(잠복) : 몰래 숨어 엎드림.
潛在(잠재) : 속에 숨어 있음.

필순 氵 氵 氵 氵 潛 潛 潛 潛

丈
一 부의 2획

훈음 장인 장

단어
丈母(장모) : 아내의 친어머니. 빙모.
丈人(장인) : 아내의 친아버지. 빙부.

필순 一 ナ 丈

粧
米 부의 6획

훈음 단장할 장

단어
丹粧(단장) : 화장. 산뜻하게 모양을 꾸밈.
化粧(화장) : 연지, 분 따위를 발라 얼굴을 곱게 꾸밈.

필순 丶 丷 爿 米 米 粧 粧 粧

3급II 배정한자

莊

훈음: 장중할, 별장 장

단어:
莊嚴(장엄) : 엄숙함.
別莊(별장) : 경치 좋은 곳에 따로 마련한 집.

艹 부의 7획

필순: 丶 艹 艹 艹 芹 莊 莊 莊

葬

훈음: 장사지낼 장

단어:
葬禮(장례) : 장사 지내는 의식.
葬地(장지) : 장사 지낼 땅.

艹 부의 9획

필순: 艹 艹 苁 茒 莈 葬 葬 葬

掌

훈음: 손바닥 장

단어:
掌紋(장문) : 손금.
掌握(장악) : 손안에 쥠. 권세 등을 온통 잡음.

手 부의 8획

필순: 丶 丷 ㄱㄱ 屵 屵 屵 堂 掌

藏

훈음: 감출 장

단어:
藏書(장서) : 책을 간직하여 둠.
秘藏(비장) : 숨겨서 소중히 간직함.

艹 부의 14획

필순: 艹 艹 艹 茊 莊 蒇 藏 藏

臟
肉 부의 18획

훈음: 오장 장

단어:
臟器(장기) : 내장의 여러 기관.
心臟(심장) : 혈액을 전신에 순환시키는 내장 기관.

필순: 月 月⁺ 月⁺ 月⁺ 月⁺ 臓 臓 臓

栽
木 부의 6획

훈음: 심을 재

단어:
栽培(재배) : 초목을 심고 가꿈. 또는 그런 일.
盆栽(분재) : 화분에 심어 운치 있게 가꾼 나무.

필순: 十 土 土 圭 耒 栽 栽 栽

裁
衣 부의 6획

훈음: 마름질, 헤아릴 재

단어:
裁斷(재단) : 옷감 따위를 본에 맞춰 마름.
裁量(재량) : 스스로 판단하여 처리함.

필순: 十 土 圭 耒 表 裁 裁 裁

載
車 부의 6획

훈음: 실을 재

단어:
積載(적재) : 실어서 쌓음.
載貨(재화) : 화물을 차나 배에 실음.

필순: 十 土 主 壴 車 載 載 載

3급 II 배정한자

抵
手 부의 5획

훈음 막을 저
단어 抵觸(저촉) : 서로 닿아 범함. 양자가 서로 모순됨.
抵抗(저항) : 대항함. 저항함.
필순 一 十 扌 扩 扩 抃 抵 抵

著
艸 부의 9획

훈음 나타날, 지을 저
단어 著名(저명) : 이름이 높음. 유명함.
著書(저서) : 책을 지음. 또는 그 책.
필순 艹 艹 並 芏 莎 茅 著 著

跡
足 부의 6획

훈음 발자취 적
단어 人跡(인적) : 사람의 발자취.
追跡(추적) : 뒤를 밟아 쫓음.
필순 口 口 𠯤 𧾷 𧾷 趵 跡 跡

寂
宀 부의 8획

훈음 고요할 적
단어 寂寞(적막) : 적적함. 쓸쓸함.
寂寂(적적) : 쓸쓸한 모양.
필순 宀 宀 宀 宁 宇 宋 寂 寂

笛
竹 부의 5획

훈음 피리 적
단어 笛手(적수) : 대금을 부는 사람.
　　　竹笛(죽적) : 대나무 피리.
필순 ノ ト ⺮ ⺮ 竹 笁 笛 笛

摘
手 부의 11획

훈음 들추어낼, 딸 적
단어 摘發(적발) : 숨어 드러나지 않은 것을 들춰냄.
　　　摘芽(적아) : 농작물의 성장을 위해 싹을 따버리는 일.
필순 扌 扩 扩 挤 挤 摘 摘 摘

蹟
足 부의 11획

훈음 밟을 적
단어 跡이나 迹과 같은 뜻으로 쓰임.
필순 口 乎 旦 疋 趾 趾 蹟 蹟

漸
水 부의 11획

훈음 점점 점
단어 漸次(점차) : 차례를 따라 점점.
　　　漸進(점진) : 순서대로 차차 나아감.
필순 氵 沪 沪 洹 湎 浙 漸 漸

3급 II 배정한자

井

二부의 2획

- 훈음: 우물 정
- 단어: 井華水(정화수) : 이른 새벽에 길은 우물 물.
  市井(시정) : 인가가 많음. 시가(市街).
- 필순: 一 二 丰 井

廷

廴부의 4획

- 훈음: 조정 정
- 단어: 法廷(법정) : 재판을 하는 장소.
  朝廷(조정) : 임금이 나라의 정치를 집행하던 곳.
- 필순: 一 二 千 壬 壬 廷 廷

征

彳부의 5획

- 훈음: 칠 정
- 단어: 征伐(정벌) : 쳐서 잘못된 것을 바로 잡음.
  征服(정복) : 다른 나라를 정벌함. 복종시킴.
- 필순: ノ ノ 彳 彳 疒 征 征 征

貞

貝부의 2획

- 훈음: 곧을 정
- 단어: 貞淑(정숙) : 여자의 행실이 곧고 마음씨가 맑다.
  貞直(정직) : 굳고 곧음.
- 필순: 丶 亠 广 疒 肖 自 貞 貞

亭

⼇부의 7획

- **훈음**: 정자 정
- **단어**:
  - 亭閣(정각) : 정자.
  - 亭子(정자) : 경치 좋은 곳에 지은 집.
- **필순**: 亠 亇 亇 宁 宁 亯 亯 亭

頂

頁부의 2획

- **훈음**: 꼭대기 정
- **단어**:
  - 頂上(정상) : 산의 꼭대기.
  - 絶頂(절정) : 사물의 발전 과정에서의 극도 상태.
- **필순**: 一 丁 疒 疔 顶 頂 頂 頂

淨

水부의 8획

- **훈음**: 맑을 정
- **단어**:
  - 淨潔(정결) : 깨끗하고 조촐함.
  - 淨書(정서) : 글씨를 정하게 씀.
- **필순**: 氵 氵 浐 浐 淨 淨 淨 淨

齊

齊부의 0획

- **훈음**: 다스릴,가지런할 제
- **단어**:
  - 齊家(제가) : 집을 다스림.
  - 齊唱(제창) : 여러 사람이 다 같이 소리를 질러 부름.
- **필순**: 亠 亣 产 产 斉 斉 齊 齊

3급 II 배정한자

諸
言부의 9획

훈음: 모두 제
단어:
- 諸君(제군) : 여러분. 그대들.
- 諸氏(제씨) : 여러분.

필순: 丶 亠 言 訁 訐 訐 諸 諸

兆
几부의 4획

훈음: 조짐 조
단어:
- 前兆(전조) : 조짐이 나타나기 전.
- 兆朕(조짐) : 길흉의 동기가 미리 드러나 보이는 현상.

필순: 丿 丿 兆 兆 兆

照
火부의 9획

훈음: 비출, 대조할 조
단어:
- 照明(조명) : 비추어 밝힘.
- 參照(참조) : 참고로 대조해 봄.

필순: 丨 冂 日 日? 日? 照 照 照

燥
火부의 13획

훈음: 마를 조
단어:
- 乾燥(건조) : 습기. 물기가 없음.
- 燥渴(조갈) : 목이 마름.

필순: 丶 火 火? 火? 火? 燥 燥 燥

縱
糸부의 11획

훈음 세로 종

단어 縱書(종서) : 글자를 위에서 아래로 내려 씀.
縱橫(종횡) : 세로와 가로.

필순 乙 幺 糸 糽 紛 紛 紛 縱 縱

坐
土부의 4획

훈음 앉을 좌

단어 坐視(좌시) : 참견하지 않고 가만히 두고 보기만 함.
坐席(좌석) : 앉는 자리.

필순 丿 人 人 从 从 坐 坐 坐

柱
木부의 5획

훈음 기둥 주

단어 柱礎(주초) : 주춧돌.
石柱(석주) : 돌로 만든 기둥.

필순 一 十 十 木 木 柞 柞 柱 柱

宙
宀부의 5획

훈음 집 주

단어 宙家(주가) : 큰 집.
宇宙(우주) : 하늘. 온 세상.

필순 丶 丶 宀 宀 宁 宙 宙 宙

3급 II 배정한자

憎 心부의 12획

- 훈음: 미워할 증
- 단어: 愛憎(애증) : 미워함과 사랑함. 증오와 애정.
  憎惡(증오) : 미워함. 싫어함.
- 필순: ` ｜ ｜" ｜" 怡 怡 怡 憎 憎

蒸 艸부의 10획

- 훈음: 찔 증
- 단어: 蒸氣(증기) : 액체가 증발해서 된 기체.
  蒸炎(증염) : 몹시 더움.
- 필순: ` ⺌ 艹 艿 苤 苤 菸 蒸

之 ノ부의 3획

- 훈음: 갈 지
- 단어: 之子(지자) : 이 애. 이 사람.
  之子路(지자로) : 之자 모양의 꼬불꼬불한 치받이 길.
- 필순: ` ㄱ 亠 之

池 水부의 3획

- 훈음: 연못 지
- 단어: 貯水池(저수지) : 하천을 막아 물을 모아둔 못.
  池塘(지당) : 못.
- 필순: ` ` ⺡ 氵 汁 池 池

3급 II 배정한자 97

辰
辰부의 0획

훈음: 별 진, 날 신
단어:
生辰(생신) : 생일의 높임말.
誕辰(탄신) : 임금이나 성인이 난 날.

필순: 一 厂 厂 匚 乕 尼 辰

鎭
金부의 10획

훈음: 진압할 진
단어:
鎭壓(진압) : 눌러 진정시킴.
鎭痛(진통) : 아픔을 진정시킴.

필순: 乍 金 金 金 鉑 鉑 鎭 鎭

陳
阜부의 8획

훈음: 베풀,말할 진
단어:
陳列(진열) : 물건 따위를 잘 보이게 죽 늘어 놓음.
陳述(진술) : 구두로 말함.

필순: 了 阝 阝 阡 阡 陌 陳 陳

振
手부의 7획

훈음: 떨칠 진
단어:
振動(진동) : 흔들려 움직임.
振作(진작) : 떨쳐 일으킴.

필순: 十 扌 扩 扩 抃 振 振 振

疾
疒부의 5획

훈음 병 질

단어
疾病(질병) : 병. 질환.
疾患(질환) : 병. 질병. 질앙.

필순 亠 广 疒 疒 疒 疒 疾 疾

秩
禾부의 5획

훈음 차례 질

단어
秩序(질서) : 사물의 조리, 또 그 순서.
秩卑(질비) : 관직, 녹봉이 낮음.

필순 二 千 禾 禾 秆 秋 秩 秩

執
土부의 8획

훈음 잡을 집

단어
執刀(집도) : 외과 수술을 위해 칼을 손에 잡음.
執務(집무) : 사무를 잡아서 함.

필순 土 ナ 查 查 幸 郣 執 執

徵
彳부의 12획

훈음 부를 징

단어
徵用(징용) : 징수하여 사용함.
徵候(징후) : 어떤 일이 일어날 조짐.

필순 彳 彳' 彳" 彳" 徉 徴 徵 徵

3급Ⅱ 배정한자 99

此 止부의 12획	**훈음** 이를 차 **단어** 此際(차제) : 이즈음. 此後(차후) : 이 뒤. 이 다음. **필순** ㅣ ㅏ ㅑ 止 止 此	
此		

贊 貝부의 12획	**훈음** 도울 찬 **단어** 贊成(찬성) : 다른 사람의 의견에 동의함. 贊助(찬조) : 뜻을 같이하여 도와줌. **필순** 	
贊		

昌 日부의 14획	**훈음** 창성할 창 **단어** 昌盛(창성) : 번성하여 잘되어 감. 昌平(창평) : 나라가 창성하고 태평함. **필순** ㅣ 冂 冂 日 日 昌 昌 昌	
昌		

倉 人부의 8획	**훈음** 곳집 창 **단어** 倉庫(창고) : 물건을 쌓아두는 곳. 穀倉(곡창) : 곡식을 쌓는 창고. **필순**	
倉		

蒼
艹부의 10획

훈음 푸를 창

단어 蒼空(창공) : 높고 푸른 하늘.
蒼白(창백) : 해쓱함.

필순 丶 艹 艼 芐 荅 荅 蒼 蒼

彩
彡부의 8획

훈음 채색 채

단어 彩紋(채문) : 색채의 무늬.
彩雲(채운) : 여러 가지 빛깔로 아롱진 고운 구름.

필순 一 ㄷ ㄸ 平 爭 采 彩 彩

菜
艹부의 8획

훈음 나물 채

단어 菜麻(채마) : 심어서 가꾸는 나물.
菜蔬(채소) : 온갖 푸성귀와 나물.

필순 丶 艹 芯 苎 茇 苙 苹 菜

策
竹부의 6획

훈음 꾀 책

단어 策略(책략) : 어떤 일을 처리하는 꾀와 방법. 책모.
策定(책정) : 계책을 세워 결정함.

필순 𠂉 𠂉 竹 竹 竺 筟 第 策

妻

女부의 5획

- **훈음**: 아내 처
- **단어**:
  - 妻家(처가) : 아내의 친정.
  - 妻男(처남) : 아내의 남자 형제.
- **필순**: 一 ㄱ ㅋ ㅋ 圭 妻 妻 妻

尺

尸부의 1획

- **훈음**: 자 척
- **단어**:
  - 尺度(척도) : 물건을 재는 자. 계량의 표준.
  - 咫尺(지척) : 썩 가까운 거리.
- **필순**: ㄱ ㄱ 尸 尺

拓

手부의 5획

- **훈음**: 열 척, 박을 탁
- **단어**:
  - 開拓(개척) : 황무지를 일구어 논밭을 만듦.
  - 拓本(탁본) : 금석에 새긴 글씨를 그대로 종이에 박아 냄.
- **필순**: 一 十 扌 扩 扩 扫 拓 拓

戚

戈부의 7획

- **훈음**: 겨레 척
- **단어**:
  - 親戚(친척) : 친족과 외척.
  - 姻戚(인척) : 외가와 처가의 혈족.
- **필순**: 丿 厂 厃 厈 戚 戚 戚 戚

- **훈음**: 얕을 천
- **단어**: 淺見(천견) : 얕은 견문.
  淺慮(천려) : 얕은 생각.
- **필순**: 氵 氵 汄 浅 浅 洼 淺 淺

水 부의 8획

- **훈음**: 밟을 천
- **단어**: 踐踏(천답) : 짓밟음.
  實踐(실천) : 실제로 행함.
- **필순**: 口 乿 迠 跙 趈 跱 踐 踐

足 부의 8획

- **훈음**: 천할 천
- **단어**: 賤骨(천골) : 천하게 내려오는 신분.
  賤民(천민) : 천한 백성.
- **필순**: 目 貝 貝 貝 貶 賎 賤 賤

貝 부의 8획

- **훈음**: 밝을 철
- **단어**: 哲夫(철부) : 어질고 현명한 남편.
  哲人(철인) : 학식이 높고 사리에 밝은 사람. 철학자.
- **필순**: 一 十 扌 扩 折 折 哲 哲

口 부의 7획

3급 II 배정한자

徹
彳 부의 12획

- **훈음**: 뚫을 철
- **단어**:
  - 徹底(철저) : 속 깊이 밑바닥까지 투철함.
  - 徹夜(철야) : 자지 않고 밤을 새움.
- **필순**: 彳 彳 衤 徟 徟 徫 徹 徹

肖
肉 부의 3획

- **훈음**: 닮을 초
- **단어**:
  - 肖像畵(초상화) : 초상을 그린 것.
  - 不肖(불초) : 훌륭하지 못한 사람.
- **필순**: ノ ハ 小 冎 肖 肖 肖

超
走 부의 5획

- **훈음**: 넘을 초
- **단어**:
  - 超越(초월) : 어떤 한계나 표준을 뛰어 넘음.
  - 超然(초연) : 속세의 명리 따위에는 관심이 없음.
- **필순**: + 土 キ キ 走 赶 赶 超

礎
石 부의 13획

- **훈음**: 주춧돌 초
- **단어**:
  - 礎石(초석) : 주춧돌.
  - 基礎(기초) : 사물의 밑자리.
- **필순**: 厂 石 矿 䂳 䂳 碓 碓 礎

促
人 부의 7획

훈음 재촉할 촉

단어
促急(촉급) : 촉박하여 급함.
促進(촉진) : 재촉하여 빨리 진행함.

필순 亻 亻' 亻⼞ 亻⼞ 伊 伊 伊 促

觸
角 부의 13획

훈음 닿을 촉

단어
觸感(촉감) : 닿았을 때의 느낌.
觸發(촉발) : 일을 당해 감동이 일어남.

필순 ⺈ 乃 甪 角 觩 觢 觸 觸

催
人 부의 11획

훈음 재촉할 최

단어
催淚(최루) : 눈물이 나오게 함.
催眠(최면) : 정신에 아무 생각이 없게 하는 상태.

필순 亻 亻' 亻⼳ 亻⼳ 俨 俨 催 催

追
⻌ 부의 6획

훈음 따를 추

단어
追究(추구) : 이치를 미루어 생각함.
追從(추종) : 남의 뒤를 따라 좇음.

필순 亻 ⼴ ⼾ 阜 自 `自 追 追

3급Ⅱ 배정한자

衝
行 부의 9획

훈음: 부딪칠 충

단어:
衝擊(충격) : 갑자기 심한 타격을 받는 일.
衝突(충돌) : 서로 부딪치는 것.

필순: ノ 彳 彳 彳 彳 衝 衝 衝 衝

吹
口 부의 4획

훈음: 불 취

단어:
吹管(취관) : 화학, 또는 광물학의 실험 용구의 하나.
吹奏(취주) : 피리나 나팔 따위를 불어 연주함.

필순: 丨 冂 口 口' 吚 吹 吹

醉
酉 부의 8획

훈음: 술취할 취

단어:
醉客(취객) : 술취한 사람.
醉興(취흥) : 술에 취해 일어나는 흥취.

필순: 襾 丙 酉 酉 醉 醉 醉 醉

側
人 부의 9획

훈음: 곁 측

단어:
側面(측면) : 물체의 상하 전후 이외의 좌우 표면.
側傍(측방) : 곁. 가. 근처.

필순: 亻 仃 伵 侀 俱 側 側

恥

心 부의 6획

훈음: 부끄러울 치
단어:
羞恥(수치) : 부끄러움.
恥辱(치욕) : 부끄러움과 욕됨.
필순: 一 丁 F E E 耳 耳 耻 恥

值

人 부의 8획

훈음: 값 치
단어:
價値(가치) : 값. 값어치.
近似値(근사치) : 근사 계산에 의하여 얻어진 수치.
필순: 亻 亻 亻 佔 佔 値 値 値

稚

禾 부의 8획

훈음: 어릴 치
단어:
幼稚(유치) : 나이가 어림. 생각이나 하는 짓이 어림.
稚拙(치졸) : 어리석고 졸렬함.
필순: 一 千 禾 彳 利 秆 秆 稚

沈

水 부의 4획

훈음: 잠길 침
단어:
沈默(침묵) : 아무 말 없이 잠잠히 있음.
沈着(침착) : 행동이 들뜨지 않고 찬찬함.
필순: 丶 丶 氵 氵 氵 沙 沈

3급 II 배정한자

塔
土부의 10획

훈음 탑 탑

단어 尖塔(첨탑) : 탑의 맨 위의 뾰족한 부분.
石塔(석탑) : 돌로 쌓은 탑. 돌탑.

필순 十 ナ ナ ヂ 圹 垯 垯 塔 塔

殆
歹부의 5획

훈음 위태로울 태

단어 殆半(태반) : 거의 절반.
危殆(위태) : 형세가 매우 어려움. 마음을 놓을 수 없음.

필순 一 ラ 歹 歹' 歹ᄼ 殆 殆 殆

泰
水부의 5획

훈음 편안할, 클 태

단어 泰平(태평) : 몸이나 마음이나 집안이 편안함.
泰山(태산) : 높고 큰 산. 크고 많음.

필순 三 声 夫 夫 秦 秦 泰 泰

澤
水부의 13획

훈음 윤날, 연못 택

단어 潤澤(윤택) : 윤기있는 광택. 생활이 풍부함.
惠澤(혜택) : 은혜와 덕택.

필순 氵 氵' 汛 澤 澤 澤 澤 澤

	훈음	**토끼 토**
兎 儿부의 6획	단어	兎影(토영) : 달 그림자. 달빛. 兎皮(토피) : 토끼 가죽.
	필순	ㄱ ㄲ ㄲ 刍 刍 叧 兔 兔

兎

	훈음	**판목, 인쇄 판**
版 片부의 4획	단어	版圖(판도) : 어떤 세력이 미치는 영역이나 범위. 出版(출판) : 책을 인쇄하여 내놓는 것.
	필순	))')' 片 片 片 版 版

版

	훈음	**조각, 쪽 편**
片 片부의 0획	단어	片道(편도) : 오가는 길의 어느 한쪽. 一片丹心(일편단심) : 한 조각의 충성된 마음.
	필순	))' 广 片

片

	훈음	**허파 폐**
肺 肉부의 4획	단어	肺炎(폐렴) : 폐에 생기는 염증. 肺腑(폐부) : 깊은 마음의 속.
	필순	) 刀 月 月 肝 肝 肺 肺

肺

3급Ⅱ 배정한자

弊

廾부의 12획

훈음 나쁠 폐

단어
弊家(폐가) : 자기 집을 검사하여 이르는 말.
弊害(폐해) : 해로운 일.

필순 ', '', 丷, 甫, 甫, 敝, 敝, 弊

浦

水부의 7획

훈음 물가 포

단어
浦口(포구) : 배가 드나드는 갯가의 어귀.
浦田(포전) : 갯가에 마련된 밭.

필순 氵, 汀, 汀, 沪, 浒, 浦, 浦, 浦

楓

木부의 9획

훈음 단풍나무 풍

단어
楓林(풍림) : 단풍 든 숲.
丹楓(단풍) : 가을에 빛이 누르거나 붉게 물드는 나뭇잎.

필순 十, 才, 才, 机, 机, 桐, 楓, 楓

皮

皮부의 0획

훈음 가죽 피

단어
皮骨(피골) : 살가죽과 뼈.
皮膚(피부) : 동물의 몸 겉을 싸고 있는 외피 살갗.

필순 丿, 厂, 广, 皮, 皮

彼
彳부의 5획

- **훈음**: 저 피
- **단어**:
  - 彼我(피아) : 그와 나.
  - 彼此(피차) : 저것과 이것.
- **필순**: ノ ノ 彳 彳 扩 扩 扩 彼 彼

被
衣부의 5획

- **훈음**: 입을 피
- **단어**:
  - 被訴(피소) : 제소를 당함.
  - 被害(피해) : 해를 입음.
- **필순**: 丶 ニ 才 衤 衤 衤 衩 袚 被

畢
田부의 6획

- **훈음**: 마칠 필
- **단어**:
  - 畢竟(필경) : 마침내. 결국.
  - 畢婚(필혼) : 아들, 딸 중 맨 마지막으로 시키는 혼인.
- **필순**: 冂 罒 田 甼 甼 畁 畢 畢

何
人부의 5획

- **훈음**: 어찌 하
- **단어**:
  - 何故(하고) : 무슨 까닭.
  - 如何(여하) : 어떻든. 아무튼.
- **필순**: ノ 亻 亻 仁 仃 何 何

3급II 배정한자

賀

훈음 하례 하

단어
賀客(하객) : 축하하는 손님.
祝賀(축하) : 남의 좋은 일에 기쁘고 즐겁다는 뜻의 인사.

필순 フ カ カ 加 加 羽 賀 賀

貝 부의 5획

鶴

훈음 두루미 학

단어
鶴舞(학무) : 학의 춤.
鶴壽(학수) : 두루미같이 오래 삶.

필순 冖 广 卉 雀 雀 雀 鶴 鶴

鳥 부의 10획

割

훈음 나눌 할

단어
割當(할당) : 몫을 갈라 나눔.
割愛(할애) : 아까워하지 않고 나누어 줌.

필순 宀 宀 宀 宝 宝 害 害 割 割

刀 부의 10획

含

훈음 머금을 함

단어
含量(함량) : 들어 있는 분량.
含有(함유) : 물질이 어떤 성분을 포함하고 있음.

필순 ノ 人 人 今 今 含 含

口 부의 4획

陷
阜 부의 8획

- **훈음**: 빠질 함
- **단어**:
  - 陷落(함락) : 적의 성이나 요새를 공격하여 빼앗음.
  - 陷穽(함정) : 짐승을 잡기 위해 몰래 파 놓은 구덩이.
- **필순**: ㄱ 阝 阝 阝 阼 阼 陷 陷

項
頁 부의 3획

- **훈음**: 목 항
- **단어**:
  - 項目(항목) : 조목.
  - 項腫(항종) : 목에 나는 종기.
- **필순**: 一 エ エ 珩 珩 項 項 項

恒
心 부의 6획

- **훈음**: 항상 항
- **단어**:
  - 恒事(항사) : 항상 있는 일.
  - 恒心(항심) : 늘 지니고 있는 올바른 마음.
- **필순**: ㆍ 忄 忄 忄 忄 恒 恒 恒

響
音 부의 13획

- **훈음**: 울릴 향
- **단어**:
  - 反響(반향) : 소리가 물체에 부딪쳐 메아리되어 돌아옴.
  - 音響(음향) : 소리와 그 울림.
- **필순**: 乡 纟 纟 绲 绲 鄕 鄕 響

3급 II 배정한자

獻

- **훈음**: 바칠 헌
- **단어**:
  - 獻金(헌금) : 돈을 바침.
  - 獻身(헌신) : 신명을 바쳐 전력함.
- **필순**: 广 广 虐 虍 虜 獻 獻
- 犬 부의 16획

玄

- **훈음**: 검을 현
- **단어**:
  - 玄米(현미) : 벼의 껍질만 벗기고 쓿지 않은 쌀.
  - 玄妙(현묘) : 심오하고 미묘함.
- **필순**: 亠 十 亥 玄
- 玄 부의 0획

懸

- **훈음**: 매달 현
- **단어**:
  - 懸隔(현격) : 썩 동떨어짐.
  - 懸板(현판) : 글이나 그림을 새겨서 문 위에 다는 조각.
- **필순**: 日 目 県 県 縣 縣 懸 懸
- 心 부의 16획

脅

- **훈음**: 으를 협
- **단어**:
  - 脅約(협약) : 위협으로 이루어진 약속이나 조약.
  - 脅迫(협박) : 남에게 겁을 줌.
- **필순**: 勹 力 外 쳐 脅 脅 脅 脅
- 肉 부의 6획

浩
水부의 7획

훈음 넓을 호

단어
浩氣(호기) : 호연한 기운.
浩然(호연) : 크고 넓은 모양.

필순 氵 氵 氵 汁 浐 浐 浩 浩

惑
心부의 8획

훈음 미혹할 혹

단어
惑世(혹세) : 세상을 어지럽게 함.
困惑(곤혹) : 곤란한 일을 당하여 어찌할 바를 모름.

필순 一 戸 戸 或 或 或 惑 惑

魂
鬼부의 4획

훈음 넋 혼

단어
魂靈(혼령) : 영혼.
魂魄(혼백) : 넋.

필순 二 云 云 动 动 神 魂 魂

忽
心부의 4획

훈음 소홀히할, 문득 홀

단어
忽待(홀대) : 탐탁하지 않게 대접함.
忽然(홀연) : 문득. 갑자기.

필순 ノ 勹 勺 勿 勿 忽 忽 忽

洪
水부의 6획

훈음 큰물 홍

단어
洪水(홍수) : 큰 물.
洪志(홍지) : 큰 뜻. 큰 희망.

필순 丶 氵 汀 汁 汫 洪 洪 洪

洪

禍
示부의 9획

훈음 재앙 화

단어
禍根(화근) : 재앙의 근원.
禍福(화복) : 재앙과 복록.

필순 示 示 礻 祀 祸 禍 禍

換
手부의 9획

훈음 바꿀 환

단어
交換(교환) : 이것과 저것을 서로 바꿈.
換算(환산) : 어떤 단위를 다른 단위로 고쳐서 계산함.

필순 亻 扌 扩 护 按 换 換 換

換

還
辶부의 13획

훈음 돌아올 환

단어
還甲(환갑) : 사람의 나이 예순 살.
還都(환도) : 정부가 임시 옮겼다가 다시 수도로 돌아감.

필순 罒 罒 罒 睪 睘 睘 還 還

還

3급 II 배정한자

白부의 4획

훈음 임금 황
단어 皇室(황실) : 황제의 집안.
皇帝(황제) : 제국 군주의 존칭.
필순 丿 冂 白 白 皇 皇 皇 皇

皇

心부의 7획

훈음 뉘우칠 회
단어 悔改(회개) : 잘못을 뉘우치고 고침.
悔恨(회한) : 뉘우쳐 한탄함.
필순 丶 忄 忄 忙 怕 悔 悔 悔

悔

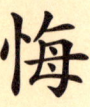
心부의 16획

훈음 품을 회
단어 懷疑(회의) : 의심을 품음.
懷抱(회포) : 마음 속에 품은 생각.
필순 忄 忄 忄 忄 悰 悰 懷 懷

懷

刀부의 12획

훈음 그을 획
단어 劃定(획정) : 명확히 구별하여 정함.
劃策(획책) : 계책을 꾸밈.
필순 一 彐 圭 書 書 書 畫 劃

獲
犬부의 14획

훈음 얻을 획

단어
獲得(획득) : 얻음. 손에 넣음.
捕獲(포획) : 적을 사로잡음.

필순 犭 犳 犳 犳 猎 猎 獲 獲

橫
木부의 12획

훈음 가로 횡

단어
橫斷(횡단) : 가로 절단함.
橫領(횡령) : 불법으로 차지하여 가짐.

필순 木 木 枋 枋 椚 椙 橫 橫

稀
禾부의 7획

훈음 드물 희

단어
稀貴(희귀) : 드물고 진귀함.
稀少(희소) : 드물고 적음.

필순 二 千 禾 禾 禾 秆 秲 稀 稀

戲
戈부의 13획

훈음 놀 희

단어
戲劇(희극) : 익살로 웃기는 장면이 많은 연극.
戲弄(희롱) : 실없이 함. 놀림.

필순 丶 广 卢 虍 唐 虗 戲 戲

3장
3급 배정한자

架
木부의 5획

훈음 건너지를, 시렁 가

단어 架設(가설) : 건너질러 설치함.
書架(서가) : 책을 얹어 놓는 선반.

필순 ㄱ ㄱ 加 加 加 架 架 架

却
卩부의 5획

훈음 물리칠 각

단어 却說(각설) : 화제를 돌림.
忘却(망각) : 잊어버림. 기억이 되살아나지 않음.

필순 一 十 土 圡 去 却 却

姦
女부의 6획

훈음 간사할 간

단어 姦淫(간음) : 남녀간의 부정한 교접.
姦通(간통) : 배우자 이외의 이성과 성적 교접을 하는 일.

필순 〈 ㄠ 女 女 姦 姦 姦 姦

渴
水부의 9획

훈음 목마를 갈

단어 渴求(갈구) : 매우 애써서 구함.
渴症(갈증) : 목이 말라 물을 마시고 싶은 느낌.

필순 氵 汀 沪 渇 渇 渇 渴 渴

鋼
金부의 8획

훈음: 강철 강
단어: 鋼管(강관) : 강철로 만든 관.
鋼材(강재) : 공업용의 강철.
필순: ノ ヒ 牟 金 釘 鋼 鋼 鋼

皆
白부의 4획

훈음: 모두 개
단어: 皆勤(개근) : 하루도 빠짐 없이 출석 또는 출근함.
擧皆(거개) : 거의 다.
필순: 一 比 比 比 比 比 皆 皆

蓋
艸부의 10획

훈음: 덮을 개
단어: 蓋世(개세) : 위력이 세상을 덮을 만한 큰 권세.
蓋草(개초) : 풀로 지붕을 덮음.
필순: 丶 艹 艹 芏 荖 莠 蓋 蓋

慨
心부의 11획

훈음: 슬퍼할 개
단어: 慨嘆(개탄) : 의분이 북받쳐 탄식함.
感慨(감개) : 마음속 깊이 느낌.
필순: 忄 忄 忄 忉 怛 怛 愾 慨

3급 배정한자 123

훈음 빌 걸

단어 乞人(걸인) : 빌어서 얻어먹는 사람.
乞神(걸신) : 빌어먹는 귀신이란 뜻으로, 지나치게 음식을 탐하는 것을 비유하는 말.

乙부의 2획

필순 ノ ⺁ 乞

훈음 막힐 격

단어 隔離(격리) : 사이가 막히어 서로 떨어짐.
隔隣(격린) : 가까이 이웃함.

阜부의 10획

필순 ⺂ ⻖ ⻖¯ ⻖冖 ⻖冂 ⻖鬲 隔 隔

훈음 어깨 견

단어 肩章(견장) : 어깨에 붙여서 계급 따위를 나타내는 표지.
兩肩(양견) : 양쪽 어깨.

肉부의 4획

필순 ⺀ ⼁ ⼚ 户 户 肩 肩 肩

훈음 명주 견

단어 絹絲(견사) : 누에고치에서 뽑은 실.
絹織物(견직물) : 명주실로 짠 피륙의 총칭.

糸부의 7획

필순 ⼂ ⼁ ⼁ 糸 糸¯ 糸¯ 絹 絹

牽
牛부의 7획

훈음 끌 견
단어 牽引(견인) : 끌어당김.
牽制(견제) : 억누르거나 감시하여 자유롭지 못하게 함.
필순 ` 亠 宀 玄 玄 牵 牽 牽

遣
辶부의 10획

훈음 보낼 견
단어 遣憤(견분) : 분노를 품.
派遣(파견) : 용무를 맡겨 어느 곳에 사람을 보냄.
필순 口 中 虫 虫 害 書 遣 遣

庚
广부의 5획

훈음 일곱번째천간 경
단어 庚時(경시) : 하오 5시부터 6시까지.
庚炎(경염) : 불꽃과 같은 삼복 중의 더위.
필순 ` 亠 广 庐 庐 庚 庚 庚

徑
彳부의 7획

훈음 지름길 경
단어 徑路(경로) : 오솔길. 지름길.
捷徑(첩경) : 지름길. 어떤 일에 이르기 쉬운 방편.
필순 彳 彳 彳 徑 徑 徑 徑 徑

3급 배정한자

훈음 마칠 경

단어 竟線(경선) : 경계가 되는 선.
竟夜(경야) : 밤새도록.

필순 亠 立 立 产 音 音 竟 竟

효부의 6획

훈음 벼슬 경

단어 卿相(경상) : 임금을 도와 정치를 행하는 대신.
卿雲(경운) : 상서로운 구름.

필순 丆 臼 卯 卯 卿 卿 卿

卩부의 10획

훈음 단단할 경

단어 硬直(경직) : 굳어서 뻣뻣하게 됨.
硬化(경화) : 단단하게 굳어짐.

필순 丆 石 石 石 砢 硒 硬 硬

石부의 7획

훈음 열번째천간 계

단어 癸方(계방) : 동쪽에서 북쪽에 가까운 방위.
癸坐(계좌) : 묏자리나 집터의 계방을 등진 좌향.

필순 ㄱ 癶 癶 癶 癶 쯧 癸 癸

癶부의 4획

桂
木부의 6획

훈음 계수나무 계
단어 桂樹(계수) : 계수나무. 월계수.
桂皮(계피) : 계수나무의 껍질(발한제, 건위제로 쓰임).
필순 十 木 杧 杧 杜 桂 桂 桂

繫
糸부의 13획

훈음 맬 계
단어 繫戀(계련) : 사모하고 사랑함.
繫留(계류) : 붙잡아 묶어둠.
필순 一 亘 車 軎 軎 毄 毄 繫 繫

枯
木부의 5획

훈음 마를 고
단어 枯渴(고갈) : 물이 바짝 마름.
枯木(고목) : 마른 나무.
필순 一 十 木 杧 杧 枯 枯 枯

顧
頁부의 12획

훈음 돌아볼 고
단어 顧問(고문) : 자문에 응하여 의견을 말함. 또는 그 직책.
顧慮(고려) : 다시 돌이켜 생각함.
필순 厂 戶 戶 戶 扉 雇 顧 顧

3급 배정한자 127

坤

- **훈음**: 땅 곤
- **단어**: 乾坤(건곤) : 천지. 음양. 건방과 곤방.
  坤位(곤위) : 왕후의 지위.
- **필순**: 一 十 土 圠 圠 坦 坤

土부의 5획

郭

- **훈음**: 성곽 곽
- **단어**: 城郭(성곽) : 내성과 외성을 아울러 이르는 말.
  外郭(외곽) : 성밖으로 다시 둘러 쌓은 성. 바깥 테두리.
- **필순**: 丶 亠 亡 古 亨 享 郭 郭

邑부의 8획

狂

- **훈음**: 미칠 광
- **단어**: 狂亂(광란) : 미쳐 날뜀.
  狂信(광신) : 종교, 미신, 사상 따위를 미칠 정도로 믿음.
- **필순**: 丿 亻 犭 犭 犴 狅 狂

犬부의 4획

掛

- **훈음**: 걸 괘
- **단어**: 掛念(괘념) : 마음에 두고 잊지 아니함.
  掛圖(괘도) : 걸어 놓고 보는 학습용 그림이나 지도.
- **필순**: 一 十 扌 扌 扩 扗 挂 挂 掛 掛

手부의 8획

愧

心부의 10획

- **훈음**: 부끄러울 괴
- **단어**:
  - 愧色(괴색) : 부끄러워하는 얼굴빛.
  - 自愧(자괴) : 스스로 부끄러워함.
- **필순**: 丶 忄 忄 忄 忄 忄 愧 愧

塊

土부의 10획

- **훈음**: 덩어리 괴
- **단어**:
  - 塊石(괴석) : 돌멩이.
  - 金塊(금괴) : 금덩어리.
- **필순**: 十 土 圡 坩 坰 坰 塊 塊

郊

邑부의 6획

- **훈음**: 들 교
- **단어**:
  - 郊外(교외) : 도시 주위의 들.
  - 近郊(근교) : 가까운 교외.
- **필순**: 丶 亠 亠 六 文 交 交了 郊

矯

矢부의 12획

- **훈음**: 바로잡을 교
- **단어**:
  - 矯導(교도) : 가르쳐 지도함.
  - 矯正(교정) : 틀어지거나 굽은 것, 결점 등을 바로잡음.
- **필순**: 上 矢 矢 矢 矯 矯 矯

3급 배정한자

狗
犬부의 5획

- **훈음**: 개 구
- **단어**:
  - 狗肉(구육) : 개고기.
  - 黃狗(황구) : 털 빛이 누런 개. 누렁이.
- **필순**: ノ ㅅ ㅈ ㅈ' 犭 犳 狗 狗 狗

苟
艸부의 5획

- **훈음**: 진실로 구
- **단어**:
  - 苟得(구득) : 구차하게 얻음.
  - 苟且(구차) : 몹시 가난하고 군색함.
- **필순**: 丶 一 卄 卝 艹 芍 苟 苟

驅
馬부의 11획

- **훈음**: 몰 구
- **단어**:
  - 驅步(구보) : 달음박질.
  - 驅除(구제) : 몰아내어 없애 버림.
- **필순**: 丨 厂 厂 馬 馬 馬 馬 馬 驅 驅

丘
一부의 4획

- **훈음**: 언덕 구
- **단어**:
  - 丘陵(구릉) : 언덕. 나직한 산.
  - 丘墳(구분) : 무덤. 언덕.
- **필순**: ノ 亻 斤 斤 丘

俱

人부의 8획

- **훈음**: 함께 구
- **단어**:
  - 俱沒(구몰) : 부모가 다 별세함. 홀로 남아 있음을 뜻함.
  - 俱現(구현) : 내용이 죄다 드러남.
- **필순**: 亻 亻 仴 仴 俱 俱 俱

懼

心부의 18획

- **훈음**: 두려워할 구
- **단어**:
  - 懼然(구연) : 두려워하는 모양.
  - 懼意(구의) : 두려운 마음.
- **필순**: 忄 忄 忄 㥽 㥽 㥽 㥽 懼

厥

厂부의 10획

- **훈음**: 그, 숙일 궐
- **단어**:
  - 厥者(궐자) : 그 사람. 그를 홀하게 이르는 말.
  - 厥角(궐각) : 이마를 땅에 대고 절을 함.
- **필순**: 一 厂 厂 厃 厥 厥 厥 厥

軌

車부의 2획

- **훈음**: 수레바퀴 궤
- **단어**:
  - 軌道(궤도) : 레일을 깐 기차나 전차의 길.
  - 軌範(궤범) : 본보기가 될 만한 법도.
- **필순**: 一 亓 百 亘 車 軌 軌

훈음: 땅이름 구, 거북 귀
단어: 龜鑑(귀감) : 모범. 사물의 거울.
龜甲(귀갑) : 거북 등 껍질로 여러 가지 병의 약재로 씀.
필순: ノ ⺈ 厸 㐁 龟 龟 龜 龜 龜

龜 부의 0획

龜

叫

口 부의 2획

훈음: 부르짖을 규
단어: 絶叫(절규) : 힘을 다해 부르짖음.
叫喚(규환) : 부르짖고 외침.
필순: 丨 冂 口 叨 叫

叫

훈음: 살필, 모을 규
단어: 糾明(규명) : 자세히 따지고 살펴 사실을 밝힘.
糾合(규합) : 일을 꾸미려고 사람을 모음.
필순: ∠ 幺 幺 糸 糹 糺 糾

糸 부의 2획

糾

菌

艸 부의 8획

훈음: 버섯, 곰팡이 균
단어: 菌傘(균산) : 버섯의 갓.
細菌(세균) : 생물 중 가장 미세하고 하등인 단세포 생물.
필순: 丶 艹 艹 芇 芮 菌 菌 菌

菌

斤	훈음	근 근
斤 부의 0획	단어	斤數(근수) : 저울에 단 무게의 수. 斤量(근량) : 저울로 단 무게.
	필순	ノ 厂 广 斤

僅	훈음	겨우 근
人부의 11획	단어	僅僅(근근) : 겨우. 僅少(근소) : 조금. 약간. 아주 적어서 얼마 되지 않음.
	필순	亻 仁 伫 俨 俨 俨 僅 僅

謹	훈음	삼갈 근
言부의 11획	단어	謹賀(근하) : 삼가 축하함. 謹拜(근배) : 삼가 절한다는 뜻으로 편지 맨 끝에 쓰이는 말.
	필순	冫 言 訂 評 評 評 謹 謹

肯	훈음	즐길 긍
肉부의 4획	단어	肯諾(긍낙) : 수긍하여 허락함. 즐겁게 허락함. 肯定(긍정) : 그렇다고 인정함.
	필순	ㅣ ト 止 片 肯 肯 肯

3급 배정한자

훈음: 꺼릴 기
단어: 忌日(기일) : 어버이가 죽은 날. 사람이 죽은 날.
忌避(기피) : 꺼리어 피함.
필순: 一 フ コ 己 己 忌 忌 忌

心부의 3획

忌

훈음: 탈 기
단어: 騎馬(기마) : 말을 탐. 승마.
騎手(기수) : 말을 전문으로 타는 사람.
필순: 丨 冂 冂 馬 馬 馬 馬 馬 騎 騎

馬부의 8획

騎

훈음: 속일 기
단어: 欺瞞(기만) : 속임. 거짓말을 함.
詐欺(사기) : 남을 속여 손해를 입히는 일.
필순: 一 廿 甘 甘 其 其 欺 欺 欺

欠부의 8획

欺

훈음: 어찌 기, 즐길 개
단어: 豈敢(기감) : 어찌 감히.
豈樂(개악) : 싸움에 이겼을 때의 음악.
필순: ' 山 山 屮 豈 豈 豈 豈

豆부의 3획

豈

	훈음	이미 기
既 无부의 7획	단어	旣決(기결) : 이미 결정함. 旣往(기왕) : 이미 지나간 일.
	필순	冂 白 皀 皀 皀 皀̄ 皀̄ 旣

	훈음	굶주릴 기
飢 食부의 2획	단어	飢渴(기갈) : 배고프고 목마름. 飢餓(기아) : 굶주림.
	필순	ㅅ ㅅ ㅅ 今 皀 皀 皀 飢

	훈음	버릴 기
棄 木부의 8획	단어	棄權(기권) : 권리를 버리고 행하지 않음. 抛棄(포기) : 하던 일을 중도에서 그만 두어 버림.
	필순	亠 亠 车 车 车 车 棄 棄

	훈음	빌미 기
幾 幺부의 9획	단어	幾微(기미) : 낌새. 전조. 幾何(기하) : 얼마. 약간. 수학에 있어 기하학의 약칭.
	필순	幺 幺幺 纟纟 纟纟 幾 幾 幾

3급 배정한자

那

邑부의 4획

- **훈음**: 어찌 나
- **단어**:
  - 那邊(나변) : 어느 곳. 어디.
  - 刹那(찰나) : 썩 짧은 동안.
- **필순**: 了 ㅋ ㅋ 月 那' 那 那

奈

大부의 5획

- **훈음**: 어찌 내
- **단어**:
  - 奈何(내하) : 어찌하랴?
  - 無可奈(무가내) : 어찌할 수가 없이 됨. 무가내하.
- **필순**: 一 ナ 大 太 产 李 奈 奈

乃

ノ부의 1획

- **훈음**: 이에, 그 내
- **단어**:
  - 乃父(내부) : 그이의 아버지.
  - 乃至(내지) : 얼마에서 얼마까지.
- **필순**: ノ 乃

惱

心부의 9획

- **훈음**: 괴로워할 뇌
- **단어**:
  - 苦惱(고뇌) : 몹시 괴로움.
  - 煩惱(번뇌) : 괴로워함.
- **필순**: ` 忄 忄" 忄"" 惱 惱 惱 惱

泥
水부의 5획

훈음 진흙 니

단어
泥溝(이구) : 진흙 도랑.
泥生地(이생지) : 냇가에 흔히 있는 모래섞인 개흙 땅.

필순 丶 丶 氵 氵 沪 沪 沪 泥

畓
田부의 4획

훈음 논 답

단어
田畓(전답) : 논 밭.
畓穀(답곡) : 논에서 나는 곡식. 벼.

필순 丿 刁 汀 水 水 杏 畓 畓

糖
米부의 10획

훈음 사탕 당

단어
糖尿(당뇨) : 포도당이 많이 섞인 병적인 오줌.
糖分(당분) : 당류의 성분.

필순 丷 丬 米 粁 粁 粁 粁 糖

貸
貝부의 5획

훈음 빌릴 대

단어
貸金(대금) : 꾸어준 돈.
貸價(대가) : 물건을 산 대신의 값. 대금.

필순 亻 仁 代 代 伐 貸 貸 貸

3급 배정한자

倒
人부의 8획

- **훈음**: 넘어질 도
- **단어**:
  - 倒壞(도괴) : 무너짐. 무너뜨림.
  - 倒産(도산) : 기업 등이 재산을 탕진함. 파산.
- **필순**: 亻 亻 伫 伫 伥 侄 倒 倒

渡
水부의 9획

- **훈음**: 건널 도
- **단어**:
  - 渡江(도강) : 강을 건넘. 도하.
  - 渡美(도미) : 미국으로 건너감.
- **필순**: 氵 汓 浐 浐 渗 渡 渡 渡

挑
手부의 6획

- **훈음**: 끌어낼 도
- **단어**:
  - 挑發(도발) : 집적거리어 일이 일어나게 함.
  - 挑戰(도전) : 싸움을 걸거나 도움.
- **필순**: 丨 扌 扌 扌 扌 扨 挑 挑

桃
木부의 6획

- **훈음**: 복숭아 도
- **단어**:
  - 桃實(도실) : 복숭아.
  - 桃花(도화) : 복숭아 꽃.
- **필순**: 十 木 朴 杁 杁 桃 桃 桃

跳
足부의 6획

훈음 뛸 도

단어
跳梁(도량) : 거리낌 없이 함부로 날뛰어 다님.
跳躍(도약) : 뛰어 오름.

필순 丨 口 口 日 趴 趴 跳 跳

稻
禾부의 10획

훈음 벼 도

단어
稻米(도미) : 입쌀.
稻花(도화) : 벼의 꽃.

필순 二 千 禾 禾 秒 秒 稻 稻

塗
土부의 10획

훈음 진흙 도

단어
塗炭(도탄) : 생활이 몹시 곤궁함.
塗飾(도식) : 거짓으로 꾸밈.

필순 氵 氵 泠 涂 涂 涂 塗 塗

篤
竹부의 10획

훈음 도타울 독

단어
篤實(독실) : 인정이 두텁고 충실함.
篤志(독지) : 도탑고 친절한 마음.

필순 ⺮ ⺮ ⺮ ⺮ ⺮ 筐 篤 篤 篤

3급 배정한자

敦

支부의 8획

- **훈음**: 도타울 돈
- **단어**:
  - 敦篤(돈독): 인정이 두터움.
  - 敦睦(돈목): 정이 두텁고 화목함.
- **필순**: 亠 亯 亨 享 享' 享^ 敦' 敦

豚

豕부의 4획

- **훈음**: 돼지 돈
- **단어**:
  - 豚肉(돈육): 돼지고기.
  - 養豚(양돈): 돼지를 먹여 기름.
- **필순**: 刀 月 月- 月- 肝 肟 肟 豚

凍

冫부의 8획

- **훈음**: 얼 동
- **단어**:
  - 凍結(동결): 얼어 붙음.
  - 凍死(동사): 얼어서 죽음.
- **필순**: 丶 冫 冂 冃 洰 涷 涷 凍

屯

屮부의 1획

- **훈음**: 모일 둔
- **단어**:
  - 屯營(둔영): 군사가 주둔한 군영.
  - 駐屯(주둔): 군대가 어떤 지역에 머무름.
- **필순**: 一 亠 屮 屯

鈍
金부의 4획

훈음: 무딜 둔

단어:
鈍感(둔감) : 예민하지 못한 무딘 감각. 감각이 둔함.
愚鈍(우둔) : 어리석고 둔함.

필순: 亻 ᅩ 全 金 金 釒 鈍 鈍

濫
水부의 14획

훈음: 넘칠 람

단어:
濫用(남용) : 마구 함부로 씀.
氾濫(범람) : 물이 넘쳐 흐름.

필순: 氵 冫 汀 沪 沪 泞 澦 濫

騰
馬부의 10획

훈음: 오를 등

단어:
昂騰(앙등) : 물가가 오름.
騰貴(등귀) : 물건이 달리고 값이 오름.

필순: 月 丬 胪 胖 滕 腾 騰 騰

掠
手부의 8획

훈음: 노략질할 략

단어:
侵掠(침략) : 침노하여 약탈함.
掠奪(약탈) : 폭력을 써서 무리하게 빼앗음.

필순: 亅 扌 扩 扩 护 护 护 掠

3급 배정한자 141

諒

言부의 8획

훈음 살필 량

단어 諒察(양찰) : 생각하여 미루어 살핌.
諒解(양해) : 사정을 살펴서 너그러운 마음을 씀.

필순 亠 言 言 言 訁 訁 訃 諒 諒

諒

梁

木부의 7획

훈음 대들보 량

단어 梁棟(양동) : 들보와 마룻대. 중요한 인물.
橋梁(교량) : 다리.

필순 氵 氵 汈 汈 汈 汈 梁 梁

梁

蓮

艸부의 11획

훈음 연꽃 련

단어 蓮根(연근) : 연 뿌리. 구멍이 많으며 식용으로 씀.
蓮堂(연당) : 연못가에 지은 정자.

필순 丶 艹 昔 昔 萓 萛 蓮 蓮

蓮

憐

心부의 12획

훈음 불쌍히여길 련

단어 憐憫(연민) : 불쌍하고 가련함. 불쌍히 여김.
可憐(가련) : 신세가 딱하고 가엽다.

필순 丶 忄 忄 忴 忴 忴 憐 憐

憐

劣

力부의 4획

훈음 **모자랄 렬**

단어 劣等(열등) : 낮은 등급.
劣勢(열세) : 세력이나 힘이 줄어듦. 또는 그 상태.

필순 

劣

裂

衣부의 6획

훈음 **찢어질 렬**

단어 裂傷(열상) : 피부가 찢어진 상처.
決裂(결렬) : 여러 갈래로 찢어짐.

필순 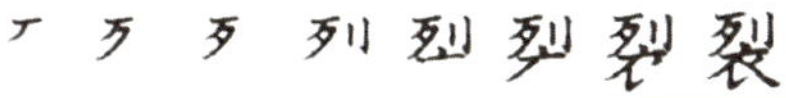

裂

廉

广 부의 10획

훈음 **청렴할 렴**

단어 廉價(염가) : 싼값.
廉恥(염치) : 마음이 청렴하며 수치를 앎.

필순 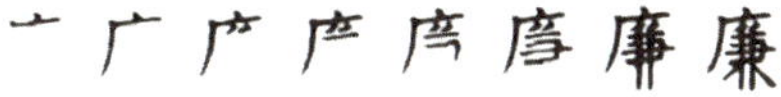

廉

獵

犬부의 15획

훈음 **사냥 렵**

단어 獵奇(엽기) : 괴이한 것에 흥미가 있어 좇아다니는 일.
獵銃(엽총) : 사냥총.

필순 

獵

零
雨부의 5획

훈음 떨어질 령
단어 零點(영점) : 득점이 없음.
零下(영하) : 한란계의 빙점 이하.
필순 亠 雨 雨 雩 雯 雯 零 零

隸
隶부의 8획

훈음 종 례
단어 隸屬(예속) : 남의 지배 아래 매임.
奴隸(노예) : 종. 남의 지배를 받는 사람.
필순 士 耂 耒 耒㇇ 隶 隷 隸 隸

鹿
鹿부의 0획

훈음 사슴 록
단어 鹿角(녹각) : 사슴의 뿔.
鹿茸(녹용) : 사슴의 새로 돋은 연한 뿔.
필순 亠 广 户 户 庐 卢 鹿 鹿

祿
示부의 8획

훈음 녹 록
단어 國祿(국록) : 나라에서 주는 녹봉.
祿地(녹지) : 영지. 봉토.
필순 二 于 示 礻 礻彐 祁 祿 祿

雷
雨부의 5획

- **훈음**: 우레 뢰
- **단어**:
  - 雷管(뇌관): 총포의 탄약에 점화하기 위한 발화물.
  - 雷震(뇌진): 천둥의 울림.
- **필순**: 一 一 一 一 一 一 一 雷

雷

了
亅부의 1획

- **훈음**: 마칠 료
- **단어**:
  - 終了(종료): 일을 끝마침.
  - 完了(완료): 완전히 끝을 냄.
- **필순**: 一 了

了

僚
人부의 12획

- **훈음**: 동료 료
- **단어**:
  - 僚屬(요속): 계급으로 자기보다 아래인 동료.
  - 同僚(동료): 같은 곳에서 같은 일을 보는 사람.
- **필순**: 亻 亻 伙 伙 侉 侉 僚 僚

累
糸부의 5획

- **훈음**: 묶을 루
- **단어**:
  - 累計(누계): 수를 합계함.
  - 累犯(누범): 여러 번 죄를 범함.
- **필순**: 丨 冂 冂 田 田 甲 累 累

3급 배정한자

屢
尸부의 11획

- **훈음**: 여러 루
- **단어**:
  - 屢屢(누누) : 자주. 시간 있을 때마다.
  - 屢次(누차) : 여러 차례. 가끔.
- **필순**: 一 尸 尸 尸 屄 屢 屢 屢

淚
水부의 8획

- **훈음**: 눈물 루
- **단어**:
  - 淚腺(누선) : 눈물을 분비하는 선.
  - 淚眼(누안) : 눈물을 머금은 눈.
- **필순**: 氵 氵 汀 沪 沪 沪 淚 淚

漏
水부의 11획

- **훈음**: 샐 루
- **단어**:
  - 漏落(누락) : 기록에서 빠짐.
  - 漏泄(누설) : 비밀이 새어 나가게 말함.
- **필순**: 氵 氵 沪 沪 沪 沪 漏 漏

梨
木부의 7획

- **훈음**: 배 리
- **단어**:
  - 梨果(이과) : 배, 사과 등의 열매.
  - 梨花(이화) : 배꽃.
- **필순**: 一 千 禾 利 利 利 梨 梨

隣	훈음	이웃 린
阜부의 12획	단어	隣近(인근) : 이웃. 隣接(인접) : 이웃함. 근접함.
	필순	阝 阝 阝⺀ 阝⺀⺀ 阹 阹 阹 隣 隣

麻	훈음	삼 마
麻부의 0획	단어	麻衣(마의) : 흰 삼베의 상복. 麻布(마포) : 삼베.
	필순	亠 广 广 疒 疒 床 床 麻

磨	훈음	갈 마
石부의 11획	단어	磨光(마광) : 옥이나 돌을 갈아서 광을 냄. 磨滅(마멸) : 갈고 닦아서 없앰.
	필순	亠 广 疒 床 床 麻 磨 磨

晩	훈음	늦을 만
日부의 7획	단어	晩成(만성) : 늦게 이루어짐. 나이 든 후에 성공함. 晩餐(만찬) : 저녁 식사.
	필순	冂 日 日′ 日″ 晄 晄 晩 晩

3급 배정한자

慢
心부의 11획

훈음: 게으를 만

단어:
慢性(만성) : 고질적인 병의 성질.
怠慢(태만) : 게으름.

필순: 忄 忄' 忄' 帽 帽 帽 慢 慢

漫
水부의 11획

훈음: 질펀할 만

단어:
漫談(만담) : 재미있게 세상과 인정을 풍자한 이야기.
漫筆(만필) : 붓 가는 대로 쓴 글씨.

필순: 氵 沪 沪 渭 浸 渭 漫 漫

忙
心부의 3획

훈음: 바쁠 망

단어:
多忙(다망) : 매우 바쁨.
煩忙(번망) : 번거롭고 매우 바쁨.

필순: 丶 丶 忄 忄 忙 忙

忘
心부의 3획

훈음: 잊을 망

단어:
忘却(망각) : 잊어 버림. 망실.
忘憂(망우) : 근심을 잊음.

필순: 丶 亠 亡 亡 忘 忘 忘

茫
艸부의 6획

훈음 아득할 망

단어 茫昧(망매) : 흐리멍덩하고 둔함.
茫洋(망양) : 바다가 넓고 넓은 모양.

필순 丶 亠 艹 艹 艹 茫 茫 茫

罔
网부의 3획

훈음 없을 망

단어 罔極(망극) : 어버이의 은혜가 그지 없음.
罔測(망측) : 너무 어이 없거나 차마 볼 수 없는 것.

필순 丨 冂 冂 冈 罔 罔 罔 罔

媒
女부의 9획

훈음 중매 매

단어 媒介(매개) : 중간에서 관계를 맺어줌.
媒質(매질) : 물리적 작용을 전해 주는 물질.

필순 𠃌 女 𠬢 𡛜 𡛝 媒 媒 媒

埋
土부의 7획

훈음 묻을 매

단어 埋沒(매몰) : 파묻음. 파묻힘.
埋伏(매복) : 숨어서 엎드림.

필순 十 土 𡈼 圠 坥 埋 埋 埋

3급 배정한자 149

麥부의 0획

훈음 보리 맥

단어 麥酒(맥주) : 보리를 원료로 하여 만든 술.
麥芽(맥아) : 보리 싹.

필순 一 ㄗ ㄗㄗ ㄆ 夾 夾 麥 麥

儿부의 5획

훈음 면할 면

단어 免稅(면세) : 세금을 면제함.
免許(면허) : 관청에서 허가하는 행정처분.

필순 ㄱ ㄲ ㄕ 卪 乌 夸 免

冖부의 8획

훈음 어두울 명

단어 冥福(명복) : 죽은 뒤의 복. 내세의 힘.
冥想(명상) : 고요히 눈을 감고 생각함.

필순 冖 冖 冃 冝 冝 冥 冥 冥

冂부의 7획

훈음 무릅쓸 모

단어 冒瀆(모독) : 신성, 존엄한 것을 침범하여 욕되게 함.
冒頭(모두) : 말이나 문장의 첫머리.

필순 丨 冂 冃 冃 冃 冐 冒 冒

侮

훈음 업신여길 모
단어 侮辱(모욕) : 깔보고 욕되게 함.
侮蔑(모멸) : 업신 여기고 낮추어 봄.
필순 ノ 亻 亻 亻⺀ 亻⺊ 侮 侮 侮

人부의 7획

某

훈음 아무 모
단어 某年(모년) : 어느 해.
某氏(모씨) : 아무개. 아무 양반.
필순 一 卄 卄 甘 甘 甘 苷 某 某

木부의 5획

募

훈음 모을 모
단어 募集(모집) : 뽑아 모음.
公募(공모) : 일반에게 널리 공개하여 하는 모집.
필순 丶 艹 艹 苢 莒 莫 募 募

力부의 11획

暮

훈음 저물 모
단어 暮年(모년) : 노년. 만년.
暮夏(모하) : 저물어 가는 여름.
필순 丶 艹 艹 苢 莒 莫 幕 暮

日부의 11획

3급 배정한자

卯
卩부의 3획

훈음 토끼 묘

단어 卯飯(묘반) : 아침밥.
卯時(묘시) : 하루 24시간 중 5시부터 7시까지의 사이.

필순 〃 ㄈ ㅁ 卯 卯

苗
艸부의 5획

훈음 싹 묘

단어 苗木(묘목) : 어린 나무 싹.
苗板(묘판) : 논에 벼 종자를 뿌려서 모를 기르는 곳.

필순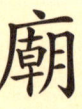

廟
广부의 12획

훈음 사당 묘

단어 宗廟(종묘) : 역대 제왕의 위패를 모시는 왕실의 사당.
廟號(묘호) : 임금의 시호.

필순

戊
戈부의 1획

훈음 다섯째천간 무

단어 戊夜(무야) : 오경을 오야의 하나로 일컫는 말.
戊寅(무인) : 60갑자의 열다섯째.

필순 厂 戊 戊 戊

霧
雨부의 11획

훈음 안개 무
단어 雲霧(운무) : 구름과 안개.
濃霧(농무) : 짙은 안개.
필순 一 一 一 霏 霜 霧 霧 霧

墨
土부의 12획

훈음 먹 묵
단어 墨客(묵객) : 글씨나 그림 그리기를 잘하는 사람.
墨畵(묵화) : 먹으로 그린 동양화.
필순 丶 口 四 甲 里 黑 黒 墨

迷
辶부의 6획

훈음 미혹할 미
단어 迷信(미신) : 이치에 어긋난 것을 망령되게 믿음.
迷兒(미아) : 길 잃은 아이.
필순 丶 丷 亠 半 米 米 迷 迷

尾
尸부의 4획

훈음 미혹할 미
단어 尾行(미행) : 몰래 남의 뒤를 따라다님.
後尾(후미) : 뒤쪽의 끝. 늘어선 줄의 맨 끝.
필순 一 ㄱ 尸 尸 尼 尾 尾

3급 배정한자 153

眉

훈음 눈썹 미

단어 眉間(미간) : 눈썹 사이.
眉目(미목) : 눈썹과 눈. 얼굴모양이 수려함.

目부의 4획

필순 𠃌 𠃍 𠃎 𠄌 𠄍 冃 眉 眉

憫

훈음 딱할 민

단어 憫惘(민망) : 답답하고 딱하여 걱정스러움.
憐憫(연민) : 불쌍하고 가련함.

心부의 12획

필순 ㇀ 忄 忄 忄 忄門 忄門 憫 憫

敏

훈음 민첩할 민

단어 敏感(민감) : 감각이 예민함.
敏活(민활) : 날쌔고 활발함.

攵부의 7획

필순 ㇀ 亇 勹 每 每 每 敏 敏

蜜

훈음 꿀 밀

단어 蜜蠟(밀랍) : 꿀벌의 집을 이루는 물질. 밀. 봉랍.
蜜語(밀어) : 달콤한 말. 특히 남녀간의 정담.

虫부의 8획

필순 宀 宀 宀 宓 宓 宓 蜜 蜜

泊
水 부의 5획

- **훈음**: 머무를 박
- **단어**:
  - 宿泊(숙박) : 여관, 호텔 등에서 잠을 자고 머무름.
  - 碇泊(정박) : 배가 닻을 내리고 머무름.
- **필순**: 丶 丶 氵 氵 汩 泊 泊 泊

返
辶 부의 4획

- **훈음**: 돌이킬 반
- **단어**:
  - 返納(반납) : 돌려 보냄. 도로 바침.
  - 返送(반송) : 되돌려 보냄. 환송.
- **필순**: 一 厂 厅 反 返 返 返 返

叛
又 부의 7획

- **훈음**: 배반할 반
- **단어**:
  - 叛亂(반란) : 반역하여 난리를 꾸밈.
  - 叛徒(반도) : 반란을 도모하는 무리.
- **필순**: 丷 ソ 半 半 半 扩 叛 叛

伴
人 부의 5획

- **훈음**: 짝 반
- **단어**:
  - 伴侶(반려) : 짝이 되는 동무.
  - 伴奏(반주) : 기악 연주에 맞추어 다른 악기를 연주함.
- **필순**: 丿 亻 亻 伫 伫 伴 伴

3급 배정한자

般	**훈음**	일반, 옮길 반
舟부의 4획	**단어**	今般(금반) : 이번. 全般(전반) : 통틀어, 모두.
	필순	′ 刀 月 舟 舟 舟 舟 般 般

盤	**훈음**	받침 반
皿부의 10획	**단어**	盤石(반석) : 큰 바위. 其盤(기반) : 기초가 될 만한 지반.
	필순	刀 月 舟 舟 般 般 盤 盤

拔	**훈음**	뽑을 발
手부의 5획	**단어**	拔齒(발치) : 이를 뽑음. 拔擢(발탁) : 여러 사람 중에서 특별히 빼내어 일을 맡김.
	필순	ー 扌 扌 扌 扩 扐 拔 拔

芳	**훈음**	꽃다울 방
艸부의 4획	**단어**	芳名錄(방명록) : 비망용으로 남의 성명을 기록한 책. 芳香(방향) : 꽃다운 향내. 좋은 냄새.
	필순	丨 十 十 艹 艹 艼 芳 芳

倣

人부의 8획

- **훈음**: 본뜰 방
- **단어**:
  - 倣古(방고): 옛것을 모방함.
  - 摸倣(모방): 본떠서 함. 남의 것을 흉내냄.
- **필순**: 亻 亻' 亻' 仿 仿 仿 倣 倣

傍

人부의 10획

- **훈음**: 곁 방
- **단어**:
  - 傍系(방계): 직계에서 갈라져 나온 계통.
  - 傍聽(방청): 회의, 공판, 공개방송 따위를 옆에서 들음.
- **필순**: 亻 亻' 亻" 仿 仿 侉 傍 傍

邦

邑부의 4획

- **훈음**: 나라 방
- **단어**:
  - 盟邦(맹방): 목적을 같이하여 서로 친선을 도모하는 나라.
  - 友邦(우방): 서로 친교가 있는 나라.
- **필순**: ′ 二 三 丰 邦' 邦 邦

杯

木부의 4획

- **훈음**: 잔 배
- **단어**:
  - 乾杯(건배): 서로 축복하며 술잔을 높이 들어 마심.
  - 祝杯(축배): 축하하는 뜻으로 드는 술잔.
- **필순**: 一 十 才 木 木 朽 杯 杯

3급 배정한자 157

煩
火부의 9획

훈음 번거로울 번

단어
煩忙(번망) : 번거롭고 매우 바쁨.
煩雜(번잡) : 번거롭고 혼잡함.

필순 丶 丷 火 火 火 灯 炉 煩 煩

飜
飛부의 12획

훈음 뒤집을 번

단어
飜覆(번복) : 이리저리 뒤쳐서 고침.
飜意(번의) : 전의 의사를 뒤집어서 달리 마음을 먹음.

필순

辨
辛부의 9획

훈음 분별할 변

단어
辨理(변리) : 분별하여 다스림.
辨明(변명) : 사리를 가려내어 똑똑히 밝힘.

필순 亠 ㅗ 뜨 辛 刹 辨 辨 辨

竝
立부의 5획

훈음 아우를 병

단어
竝立(병립) : 나란히 섬.
竝說(병설) : 함께 설치함.

필순 丶 亠 ㅗ 立 立 立 竝 竝

훈음 막을 병
단어 屛去(병거) : 물리쳐 버림.
屛風(병풍) : 방안에 세워서 바람을 막는 물건.
필순 一 コ ア ア 尸 屈 屛 屛

훈음 문서 보
단어 系譜(계보) : 조상 때부터 혈통이나 집안의 역사를 적은 책.
樂譜(악보) : 음악의 곡조를 부호를 써서 나타낸 것.
필순 ㄱ 言 言 訓 訓 詳 譜 譜

훈음 점 복
단어 卜相(복상) : 점과 관상.
卜術(복술) : 점을 치는 술법.
필순 丨 卜

훈음 뒤집을 복
단어 顚覆(전복) : 뒤집어 엎음.
反覆(반복) : 말이나 행동을 자주 고침. 생각이 자주 바뀜.
필순 曰 西 覀 覀 覆 覆 覆

3급 배정한자

훈음 벌 봉
단어 蜂蜜(봉밀) : 벌의 꿀. 꿀벌이 꽃에서 따다가 저장한 먹이.
女王蜂(여왕봉) : 여왕벌.
필순 丶 口 中 虫 虫丿 虫夅 蜂 蜂

훈음 봉황새 봉
단어 鳳輦(봉련) : 임금이 타던 수레.
鳳凰(봉황) : 옛날 중국에서 상서롭게 여기던 상상의 새.
필순 丿 几 几 凡 凨 凮 鳳 鳳

훈음 다다를, 나아갈 부
단어 訃告(부고) : 사람이 죽은 것을 알리는 통지. 부음. = 訃告.
赴任(부임) : 임지로 나아감.
필순 十 土 キ キ 走 走 赴 赴

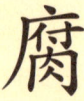

훈음 썩을 부
단어 腐心(부심) : 근심 걱정으로 몹시 마음을 썩힘.
腐敗(부패) : 썩어서 못쓰게 됨.
필순 亠 广 广 府 府 府 腐 腐

賦
貝부의 8획

- **훈음**: 구실 부
- **단어**:
  - 賦貢(부공) : 공물을 바칠 것을 매김.
  - 賦課(부과) : 세금을 물리기 위해 그것을 정함.
- **필순**: 冂 月 貝 貯 貯 貯 賦 賦

墳
土부의 12획

- **훈음**: 무덤 분
- **단어**:
  - 墳墓(분묘) : 무덤.
  - 封墳(봉분) : 흙을 쌓아 무덤을 만듦.
- **필순**: 土 圹 圹 圹 墳 墳 墳 墳

拂
手부의 5획

- **훈음**: 치를 불
- **단어**:
  - 拂入(불입) : 치를 돈을 넣음.
  - 拂下(불하) : 관공서에서 일반인에게 물건을 팔아 넘김.
- **필순**: 一 亅 扌 扌 扌 扌 拂 拂

朋
月부의 4획

- **훈음**: 벗 붕
- **단어**:
  - 朋友(붕우) : 벗. 친구.
  - 朋友有信(붕우유신) : 오륜의 하나.
- **필순**: 丿 刀 月 月 朋 朋 朋

3급 배정한자 161

崩
山부의 8획

훈음 무너질 붕
단어 崩壞(붕괴) : 무너져 흩어짐.
崩御(붕어) : 임금의 죽음.
필순 〟 ㄴ 屮 𠂉 岸 岸 崩 崩

賓
貝부의 7획

훈음 손님 빈
단어 賓客(빈객) : 점잖은 손님.
來賓(내빈) : 공식적으로 초대를 받아 온 손님.
필순 丶 宀 宀 宀 㝎 㝐 賓 賓

頻
頁부의 7획

훈음 자주 빈
단어 頻度(빈도) : 잦은 도수.
頻繁(빈번) : 도수가 잦아 복잡함.
필순 丨 止 牛 步 步 頻 頻 頻

聘
耳부의 7획

훈음 부를 빙
단어 聘母(빙모) : 아내의 어머니. 장모.
招聘(초빙) : 예를 갖추어 불러 맞아들임.
필순 厂 耳 耳 耳 耶 聘 聘 聘

巳
己부의 0획

훈음 뱀 사
단어 巳生(사생) : 뱀띠 해에 태어난 사람.
巳日(사일) : 일진의 지지가 사, 즉 뱀의 날.
필순 ㄱ ㄱ 巳

似
人부의 5획

훈음 비슷할 사
단어 類似(유사) : 서로 비슷함.
似而非(사이비) : 겉으로는 같아 보이나 실제로는 다름.
필순 ノ 亻 亻 亻 亻 似 似

捨
手부의 8획

훈음 버릴 사
단어 捨身(사신) : 속세의 몸을 버리고 불문(佛門)에 듦.
取捨(취사) : 취할 것은 취하고 버릴 것은 버림.
필순 扌 扌 扌 扌 扌 拎 捨 捨

蛇
虫부의 5획

훈음 뱀 사
단어 毒蛇(독사) : 이빨에 독액을 가진 뱀의 총칭.
蛇皮(사피) : 뱀의 껍질.
필순 丨 口 中 虫 虫 虵 蚦 蛇

3급 배정한자

	훈음	베낄 사
寫 ᅟ宀부의 12획	단어	寫本(사본) : 옮기어 베낌. 또 베낀 책이나 서류. 寫眞(사진) : 카메라로 물체의 형상을 찍은 것.
	필순	宀 宀 宀 宇 宇 宮 寫 寫

	훈음	속일 사
詐 ᅟ言부의 5획	단어	詐欺(사기) : 거짓말로 속이는 말. 詐稱(사칭) : 관위, 주소, 성명, 직업, 나이 등을 속여 말함.
	필순	亠 讠 言 言 言 訁 訃 詐

	훈음	이 사
斯 ᅟ斤부의 8획	단어	斯道(사도) : 이 길. 성인의 길. 斯學(사학) : 이 학문, 그 학문.
	필순	一 廿 甘 其 其 斯 斯 斯

	훈음	줄 사
賜 ᅟ貝부의 8획	단어	賜藥(사약) : 임금이 죽여야 할 사람에게 내리는 독약. 下賜(하사) : 임금이 신하에게 물건을 내리어 줌.
	필순	冂 目 貝 貝 貝 貝 貝 賜 賜

削

刀 부의 7획

훈음 깎을 삭

단어
削減(삭감) : 깎아서 줄임.
削除(삭제) : 깎아 없앰. 지워버림.

필순 丨 ㅣ 亻 亻 肖 肖 肖 削 削

朔

月 부의 6획

훈음 초하루,북쪽 삭

단어
朔日(삭일) : 음력 매월 초하룻 날.
朔風(삭풍) : 북쪽에서 불어오는 바람. 겨울철의 북풍.

필순 丶 丶 屰 屰 屰 朔 朔 朔

嘗

口 부의 11획

훈음 맛볼 상

단어
嘗味(상미) : 맛보기 위해 먹어 봄.
未嘗不(미상불) : 아닌게 아니라. 과연.

필순 丷 尚 尚 尚 嘗 嘗 嘗

償

人 부의 15획

훈음 갚을 상

단어
償還(상환) : 대상으로 돌려 줌.
補償(보상) : 남에게 끼친 손해를 메워서 갚아 줌.

필순 亻 亻 亻 僧 償 償 償 償

3급 배정한자

木부의 6획

훈음 뽕나무 상
단어 桑實(상실) : 뽕나무 열매. 오디.
桑葉(상엽) : 뽕나무 잎.
필순 フ ㄡ ㅈ 叒 叒 桒 桑 桑

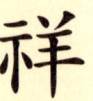
示부의 6획

훈음 상서로울 상
단어 祥夢(상몽) : 상서로운 꿈. 길한 조짐이 있는 꿈.
祥雲(상운) : 상서로운 구름.
필순 二 亍 示 礻 礻 秙 秙 祥 祥

土부의 10획

훈음 변방 새, 막을 색
단어 要塞(요새) : 국방상 중요한 곳에 설치한 방비시설.
更塞(경색) : 융통되지 않고 막힘.
필순 宀 宀 宀 寉 寋 寒 塞

辶부의 7획

훈음 갈 서
단어 逝去(서거) : 남의 죽음을 정중하게 이르는 말.
急逝(급서) : 급히 세상을 떠남.
필순 一 十 扌 扩 折 逝 逝

誓

言부의 7획

훈음 맹세할 서

단어 誓約(서약) : 맹세하고 약속함.
盟誓(맹서) : 신이나 부처 앞에서 약속함.

필순 十 扌 打 折 折 誓 誓 誓

庶

广부의 8획

훈음 무리 서

단어 庶民(서민) : 귀족이나 상류층이 아닌 보통 사람.
庶母(서모) : 아버지의 첩.

필순 ` 亠 广 广 庐 庐 庶 庶

敍

攴부의 7획

훈음 차례, 서술할 서

단어 敍述(서술) : 차례를 따라 설명함.
敍事詩(서사시) : 국가나 민족의 역사적 사건을 읊은 장시.

필순 丿 𠂉 乍 乍 余 余 敍 敍

暑

日부의 9획

훈음 더위 서

단어 暑夏(서하) : 매우 무더운 여름.
酷暑(혹서) : 몹시 심한 더위.

필순 冂 日 旦 早 昇 昇 暑 暑

3급 배정한자

析
木부의 4획

훈음 쪼갤 석
단어 析出(석출) : 화합물을 분석하여 어떤 물질을 골라냄.
部析(부석) : 쪼갬.
필순 一 十 才 木 木 析 析 析

昔
日부의 4획

훈음 옛 석
단어 昔年(석년) : 이전. 여러 해 전.
今昔(금석) : 지금과 옛적. 고금.
필순 一 十 卄 共 苎 苩 昔

禪
示부의 12획

훈음 고요할 선
단어 禪僧(선승) : 선종의 중. 참선하는 중.
禪房(선방) : 참선하는 방.
필순 亍 示 祀 袒 禪 禪 禪 禪

涉
水부의 7획

훈음 건널 섭
단어 涉獵(섭렵) : 여러 가지 책을 널리 찾아 읽음.
涉世(섭세) : 세상을 살아감.
필순 氵 氵 汁 汁 沙 沙 涉 涉

攝
手부의 18획

훈음 잡을, 당길 섭

단어
攝政(섭정) : 임금을 대신하여 정치함.
攝取(섭취) : 양분을 빨아들임. 자기 것으로 받아들임.

필순 扌 扩 扩 护 挕 挕 撮 撮 攝

召
口 부의 2획

훈음 부를 소

단어
召喚(소환) : 법원이 피고인, 증인 등을 오라고 명령함.
召集(소집) : 불러서 모음.

필순 丁 刀 刀 召 召

昭
日 부의 5획

훈음 밝을 소

단어
昭光(소광) : 밝게 빛나는 빛.
昭然(소연) : 밝고 뚜렷하다. 분명하다.

필순 丨 月 日 日丁 日刀 日刀 昭 昭

蔬
艸 부의 11획

훈음 푸성귀 소

단어
蔬飯(소반) : 변변하지 못한 음식.
蔬食(소식) : 채소로 만든 음식.

필순 丶 ⺿ 艹 艹 䒑 䒑 蔬 蔬

3급 배정한자

燒	훈음	불사를 소
火 부의 12획	단어	燒滅(소멸) : 불에 타서 없어짐. 燒酒(소주) : 증류한 술.
	필순	丶 火 炒 炡 焿 燒 燒 燒

騷	훈음	시끄러울 소
馬 부의 10획	단어	騷亂(소란) : 시끄럽고 어수선함. 騷擾(소요) : 여러 사람이 떠들썩하게 들고 일어남.
	필순	丨 冂 馬 馿 馿 駱 騷 騷

粟	훈음	조 속
米 부의 6획	단어	粟豆(속두) : 조와 콩. 粟米(속미) : 조와 쌀.
	필순	一 冂 兩 西 西 覀 粟 粟

訟	훈음	송사할 송
言 부의 4획	단어	訴訟(소송) : 재판을 걺. 송사. 頌事(송사) : 분쟁을 관부에 호소하여 그 판결을 기다림.
	필순	丶 二 言 言 言 訐 訟 訟

誦
言 부의 7획

훈음 욀 송

단어
誦讀(송독) : 소리내어 글을 읽음.
誦詩(송시) : 시가를 외워 읊음.

필순 亠 言 言 言 訐 訊 誦 誦

鎖
金 부의 10획

훈음 쇠사슬 쇄

단어
鎖國(쇄국) : 외국과의 국교를 끊음.
足鎖(족쇄) : 발목에 채우는 사슬.

필순 스 牟 金 金 釒 鈅 鋇 鎖

囚
口 부의 2획

훈음 가둘 수

단어
囚人(수인) : 옥에 갇힌 사람.
罪囚(죄수) : 교도소에 갇힌 죄인.

필순 丨 冂 冂 囚 囚

須
頁 부의 3획

훈음 수염, 모름지기 수

단어
須髮(수발) : 수염과 머리털.
必須(필수) : 꼭 필요함. 없어서는 안 됨.

필순 彡 彡 彳 沏 沏 須 須 須

3급 배정한자

垂 土부의 5획

- 훈음: 드리울 수
- 단어:
  - 垂範(수범) : 모범을 보임.
  - 垂直(수직) : 수평에 대하여 직각을 이룬 상태.
- 필순: 二 三 壬 乒 乖 垂 垂

睡 目부의 8획

- 훈음: 잘 수
- 단어:
  - 睡眠(수면) : 잠을 잠.
  - 午睡(오수) : 낮잠.
- 필순: 冂 目 目` 目‐ 眪 眪 睡 睡

搜 手부의 10획

- 훈음: 찾을 수
- 단어:
  - 搜索(수색) : 더듬어 찾음. 수사상 몸이나 집을 뒤지는 일.
  - 搜査(수사) : 찾아서 조사함.
- 필순: 十 扌 扌 扌 扌" 扌" 搜 搜

遂 辶부의 9획

- 훈음: 이룩할 수
- 단어:
  - 完遂(완수) : 목적을 완전히 달성함.
  - 遂行(수행) : 계획한 대로 해냄.
- 필순: 丷 丷 丷 㸦 㸦 㒸 遂 遂

誰
言부의 8획

훈음 누구 수

단어
誰某(수모) : 아무개.
誰何(수하) : 누구야, 하고 그 성명을 물어 밝힘.

필순 丶 彡 言 訁 訂 訬 誰 誰

雖
隹부의 9획

훈음 비록 수

단어
雖設(수설) : 비록 그렇게 말할지라도. ~이라 할지라도.
雖然(수연) : 오직. 그러하나.

필순 口 吕 虽 虽 虽 虽 雖 雖

戍
戈부의 2획

훈음 지킬 수

단어
戍樓(수루) : 적군의 동정을 살피려고 성 위에 세운 망루.
邊戍(변수) : 변경의 수비.

필순 丿 厂 厂 戊 戍 戍

孰
子부의 8획

훈음 누구 숙

단어
孰誰(숙수) : 누구.
孰能御之(숙능어지) : 누가 능히 막겠느냐는 뜻.

필순 亠 古 古 亨 享 孰 孰 孰

3급 배정한자

殉

歹부의 6획

- **훈음**: 따라죽을 순
- **단어**:
  - 殉敎(순교) : 자기가 믿는 종교를 위해 목숨을 버림.
  - 殉愛(순애) : 사랑을 위해 목숨을 바침.
- **필순**: 一 ｱ ｱ ｱ 歹 歹 刎 殉 殉

脣

肉부의 7획

- **훈음**: 입술 순
- **단어**:
  - 脣舌(순설) : 입술과 혀. 수다스러움.
  - 脣齒(순치) : 입술과 이. 서로 이해관계가 매우 밀접한 것.
- **필순**: 一 厂 匚 乍 辰 辰 脣 脣

循

彳부의 9획

- **훈음**: 돌 순
- **단어**:
  - 循行(순행) : 여러 곳을 돌아다님.
  - 循環(순환) : 정해진 과정을 되풀이해서 도는 것.
- **필순**: ノ 彳 彳 犳 循 循 循 循

濕

水부의 14획

- **훈음**: 젖을 습
- **단어**:
  - 濕氣(습기) : 축축한 기운.
  - 濕冷(습랭) : 습기로 인해 허리 아래가 차지는 병.
- **필순**: 氵 氵 沪 沪 淠 濕 濕 濕

伸

人부의 5획

- **훈음**: 펼 신
- **단어**: 伸張(신장) : 늘여 넓게 폄.
  伸縮(신축) : 늘어남과 줄어듦.
- **필순**: ノ 亻 亻 亻 伯 伯 伸

辛

辛부의 0획

- **훈음**: 매울 신
- **단어**: 辛苦(신고) : 어려운 일을 당하여 몹시 애씀.
  辛勝(신승) : 간신히 이김.
- **필순**: 丶 亠 立 立 辛 辛 辛

晨

日부의 7획

- **훈음**: 새벽 신
- **단어**: 晨鷄(신계) : 새벽에 우는 닭. 새벽을 알리는 닭.
  晨夜(신야) : 새벽과 밤.
- **필순**: 日 旦 尸 戶 房 晨 晨 晨

失

大부의 2획

- **훈음**: 잃을 실
- **단어**: 失禮(실례) : 예의를 잃음.
  失明(실명) : 눈을 잃음. 장님이 됨.
- **필순**: ノ 乍 乍 失 失

3급 배정한자

尋
寸부의 9획

훈음 찾을 심
단어 尋訪(심방) : 방문하여 찾아봄.
尋人(심인) : 찾는 사람.
필순 ㄱ ㄺ ㅋ ㅋ ㅋ ㅋ 尋 尋

牙
牙부의 0획

훈음 어금니 아
단어 牙城(아성) : 중요한 근거지.
象牙(상아) : 코끼리의 위턱에서 밖으로 뻗어나온 앞니.
필순 一 ㄷ 于 牙

芽
艸부의 4획

훈음 싹 아
단어 麥芽(맥아) : 엿기름.
發芽(발아) : 초목의 눈이 틈. 씨앗에서 싹이 나옴.
필순 ` 丶 艹 艹 艹 芒 芽 芽

餓
食부의 7획

훈음 굶주릴 아
단어 餓死(아사) : 굶어 죽음.
飢餓(기아) : 굶주림.
필순 丶 乍 乍 食 食 飠 飠 餓 餓

岳
山부의 5획

훈음 큰산 악

단어 岳丈(악장) : 장인의 경칭.
山岳(산악) : 높고 험한 산.

필순 ノ 亻 仁 仨 丘 乐 乐 岳

雁
隹부의 4획

훈음 기러기 안

단어 雁奴(안노) : 기러기 떼가 잘 때 망을 보는 한 기러기.
雁陳(안진) : 기러기 행렬을 본딴 군진.

필순 厂 厂 厈 厣 厣 雁

謁
言부의 9획

훈음 뵐 알

단어 謁見(알현) : 지체가 높은 사람을 만나 뵙는 일.
拜謁(배알) : 높은 어른께 뵘.

필순 亠 言 言 訇 訇 謁 謁 謁

押
手부의 5획

훈음 누를 압

단어 押收(압수) : 증거물이나 몰수해야 될 물건을 점유 확보함.
押送(압송) : 죄인을 잡아 보냄.

필순 一 十 扌 扌 扩 扪 押 押

3급 배정한자 177

殃
歹부의 5획

훈음: 재앙 앙
단어:
災殃(재앙) : 천재지변으로 인한 불행한 사고.
殃禍(앙화) : 지은 죄의 앙갚음으로 받는 재앙.
필순: 一 ㄅ 歹 歹' 歹ㄇ 歹ㅁ 殃 殃

涯
水부의 8획

훈음: 끝 애
단어:
生涯(생애) : 살아온 동안. 일생 동안.
天涯(천애) : 하늘 끝. 아득히 떨어진 타향.
필순: 氵 氵 汀 汀 汧 沪 涯 涯

厄
厂부의 2획

훈음: 재앙 액
단어:
厄難(액난) : 재앙과 어려움.
災厄(재액) : 재앙과 액운.
필순: 一 厂 厃 厄

也
乙부의 2획

훈음: 어조사 야
단어:
也無妨(야무방) : 해로운 것이 없음.
也耶(야야) : 영탄하는 어조사.
필순: 丁 九 也

耶
耳부의 3획

훈음 어조사 야

단어 耶蘇敎(야소교) : 기독교. 예수교.
耶孃(야양) : 아버지와 어머니.

필순 一 丅 F F 耳 耳 耶 耶

躍
足부의 14획

훈음 뛸 약

단어 躍動(약동) : 생기있고 활발하게 움직임.
躍進(약진) : 힘차게 앞으로 뛰어나감.

필순 口 모 모 躍 躍 躍 躍

楊
木부의 9획

훈음 버들 양

단어 楊柳(양류) : 버드나무.
楊梅(양매) : 소귀나무. 딸기 비슷한 열매를 맺는 과수.

필순 十 才 朾 相 押 楊 楊 楊

於
方부의 4획

훈음 어조사 어

단어 於焉間(어언간) : 알지 못하는 사이.
於中間(어중간) : 거의 중간이 되는 곳. 엉거주춤한 형편.

필순 ` 亠 方 方 扒 於 於

3급 배정한자 179

焉
火부의 7획

훈음 어찌 언
단어 焉敢(언감) : 어찌, 감히.
焉敢生心(언감생심) : 감히 그런 생각을 할 수도 없음.
필순 丅 丆 正 正 正 焉 焉 焉

予
亅부의 3획

훈음 나, 줄 여
단어 予小子(여소자) : 임금이 상중에 자기를 일컫는 말.
予奪(여탈) : 줌과 빼앗음.
필순 乛 マ 孑 予

汝
水부의 3획

훈음 너 여
단어 汝等(여등) : 너희들.
汝輩(여배) : 너희 무리.
필순 丶 氵 汁 汝 汝

余
人부의 5획

훈음 나 여
단어 余輩(여배) : 우리들.
余月(여월) : 음력 4월의 이명.
필순 丿 人 𠆢 合 스 余 余

輿
車부의 10획

훈음 많을, 수레 여

단어 輿論(여론) : 일반적으로 공통되는 공론. 세론.
藍輿(남여) : 가마의 한 종류.

필순 亻 亻 亇 仃 俥 俥 輿 輿

疫
疒부의 4획

훈음 염병 역

단어 疫病(역병) : 악성의 유행병.
防疫(방역) : 전염병을 막기 위해 미리 조치하는 것.

필순 亠 广 广 疒 疒 疒 疫 疫

燕
火부의 12획

훈음 제비 연

단어 燕尾服(연미복) : 검은 천으로 지은 남자용 예복.
燕雀(연작) : 제비와 참새.

필순 一 艹 甘 甘 莊 莊 燕 燕

閱
門부의 7획

훈음 볼 열

단어 閱覽(열람) : 책 등을 죽 내리 훑어봄.
檢閱(검열) : 검사하여 열람함.

필순 丨 尸 尸 門 門 閱 閱 閱

3급 배정한자

炎
火부의 4획

훈음 불꽃 염
단어 炎署(염서) : 뜨거운 더위.
炎天(염천) : 몹시 더운 시절.
필순 丶 丶 丷 丷 火 火 灶 炏 炎

鹽
鹵부의 13획

훈음 소금 염
단어 鹽分(염분) : 소금 기운.
鹽田(염전) : 천일염을 만드는 밭.
필순 丨 臣 臣⺊ 𦣻 𦣼 𦣾 鹽 鹽

泳
水부의 5획

훈음 헤엄칠 영
단어 繼泳(계영) : 릴레이식 수영 경기.
遊泳(유영) : 물 속에서 헤엄을 치고 놂.
필순 丶 冫 氵 氵 汀 沪 泳 泳

詠
言부의 5획

훈음 읊을 영
단어 詠誦(영송) : 시가를 소리내어 읊음.
詠嘆(영탄) : 목소리를 길게 뽑아 심원한 정회를 읊음.
필순 亠 宀 言 言 訁 訂 詞 詠 詠

銳
金부의 7획

훈음 날카로울 예

단어
銳利(예리) : 연장 따위가 날카로움.
銳鋒(예봉) : 날카로운 창, 칼의 끝.

필순 ノ 스 乍 숲 釒 鈐 鈄 鈄 銳

汚
水부의 3획

훈음 더러울 오

단어
汚水(오수) : 더러운 물. 구정물.
汚濁(오탁) : 더럽고 흐림.

필순 ` 氵 氵 沪 汚 汚

吾
口부의 4획

훈음 나 오

단어
吾等(오등) : 우리 들.
吾兄(오형) : 친구를 존대하여 일컫는 말.

필순 一 丁 五 五 吾 吾 吾

娛
女부의 7획

훈음 기쁠 오

단어
娛樂(오락) : 재미있고 기분 좋게 놂.
娛遊(오유) : 오락과 유희. 즐기고 노는 일.

필순 く 女 女 妡 妡 妈 娳 娛

3급 배정한자

嗚
口부의 10획

훈음 탄식할 오

단어 嗚咽(오열) : 목이 메어 욺.
嗚呼(오호) : 탄식하는 소리.

필순 口 띠 呾 呾 呾 鳴 鳴 鳴

傲
人부의 11획

훈음 거만할 오

단어 傲氣(오기) : 남에게 지기 싫어함.
傲慢(오만) : 거만. 교만.

필순 亻 仆 件 佳 佬 傲 傲 傲

翁
羽부의 4획

훈음 늙은이 옹

단어 翁姑(옹고) : 시아버지와 시어머니.
老翁(노옹) : 늙은이.

필순 ノ 八 公 公 夳 夲 翁 翁

擁
手부의 13획

훈음 안을 옹

단어 擁立(옹립) : 군주를 받들어서 즉위시킴.
抱擁(포옹) : 품에 껴안음.

필순 扌 扩 扩 护 拧 搾 擁 擁

	훈음	기와 와
瓦 瓦부의 0획	단어	瓦屋(와옥) : 기와집. 瓦匠(와장) : 기와 지붕을 잇는 것을 업으로 삼는 사람.
	필순	一 厂 厂 瓦 瓦

	훈음	누울 와
臥 臣부의 2획	단어	臥病(와병) : 병들어 누워 있음. 臥龍(와룡) : 누운 용, 즉 세상에 알려지지 않은 큰 인물.
	필순	一 T 五 子 子 臣 卧 臥

	훈음	느릴 완
緩 糸부의 9획	단어	緩衝(완충) : 둘 사이의 불화나 충돌을 완화시킴. 緩行(완행) : 느리게 감.
	필순	幺 糸 糽 紓 終 終 綒 緩

	훈음	가로 왈
曰 曰부의 0획	단어	曰可曰否(왈가왈부) : 가부를 논의함. 曰牌(왈패) : 언행이 단정치 못하고 수선스런 사람의 별칭.
	필순	丨 冂 曱 曰

3급 배정한자

畏
田부의 4획

훈음 두려울 외

단어
畏敬(외경) : 두려워하며 공경함.
畏愼(외신) : 몹시 두려워하고 언행을 삼감.

필순 冂 冊 冊 田 田 思 畏 畏

搖
手부의 10획

훈음 흔들 요

단어
搖動(요동) : 흔들림.
搖亂(요란) : 시끄럽고 어지러움.

필순 亅 扌 扩 扩 扩 扞 搖 搖

遙
辶부의 10획

훈음 거닐, 멀 요

단어
逍遙(소요) : 슬슬 거닐며 돌아다님. 산행.
遙遠(요원) : 멀고 멂. 몹시 멂.

필순 夕 夕 冬 冬 冬 备 遙 遙

腰
肉부의 9획

훈음 허리 요

단어
腰絶(요절) : 몹시 웃음.
腰痛(요통) : 허리가 아픈 병.

필순 刂 月 广 肑 肺 胛 腰 腰

186

	훈음	쓸,떳떳할 용
庸 广부의 8획	단어	登庸(등용) : 인재를 골라 뽑아 씀. 中庸(중용) : 어느 쪽도 치우치지 않음.
	필순	丶 亠 广 庐 庐 肩 肩 庸

庸

	훈음	또 우
又 又부의 0획	단어	又況(우황) : '하물며'란 뜻의 접속사. 又重之(우중지) : 더욱이.
	필순	丿 又

又

	훈음	더욱 우
尤 尤부의 1획	단어	尤妙(우묘) : 더욱 묘함. 매우 신통함. 尤甚(우심) : 더욱 심함.
	필순	一 ナ 尢 尤

尤

	훈음	깃 우
羽 羽부의 0획	단어	羽毛(우모) : 깃과 털. 새의 깃. 짐승의 털. 羽衣(우의) : 새의 깃으로 만든 옷.
	필순	丿 刁 ヨ 刃 羽 羽

羽

3급 배정한자

于

二부의 1획

훈음 어조사 우
단어 于今(우금) : 지금까지 아쉬운 대로. 그럭 저럭.
于先(우선) : 먼저.
필순 一 二 于

云

二부의 2획

훈음 이를 운
단어 云爲(운위) : 말과 행동.
或云(혹운) : 어떤 이가 말하는 바.
필순 一 二 云 云

胃

肉부의 5획

훈음 밥통 위
단어 胃壁(위벽) : 위를 형성하는 벽.
胃酸(위산) : 위에 들어 있는 산.
필순 丨 冂 冂 田 田 胃 胃 胃

違

辶부의 9획

훈음 어길 위
단어 違反(위반) : 법률 또는 규칙을 어김.
違約(위약) : 약속을 위반함.
필순 广 产 吾 吾 查 韋 違 違

緯
糸 부의 9획

훈음 씨줄 위
단어 緯度(위도) : 적도에 평행한 지구 위의 위치를 나타내는 좌표.
緯書(위서) : 미래의 일을 예언한 책.
필순 纟 糸 糸' 紵 緯 緯 緯 緯

僞
人 부의 12획

훈음 거짓 위
단어 僞善(위선) : 거짓 착한 척함.
僞裝(위장) : 거짓으로 꾸밈.
필순 亻 亻' 亻' 伊 俨 伪 偽 僞

酉
酉 부의 0획

훈음 닭 유
단어 酉生(유생) : 유년에 난 사람.
酉時(유시) : 오후 5시부터 7시까지의 시각.
필순 一 厂 丌 兀 酉 酉 酉

唯
口 부의 8획

훈음 오직 유
단어 唯物(유물) : 오직 물질만이 존재한다고 하는 일.
唯一(유일) : 오직 하나 밖에 없음.
필순 口 叮 叮 叩 唯 唯

3급 배정한자 **189**

惟

心부의 8획

- **훈음**: 생각할 유
- **단어**:
  - 惟獨(유독) : 많은 가운데 홀로.
  - 思惟(사유) : 생각함. 비직관적인 개념적 정신과정.
- **필순**: ` ′ 忄 忄 忄ˊ 忄ˊ 忄ˊˊ 惟 惟

愈

心부의 9획

- **훈음**: 나을 유
- **단어**:
  - 治愈(치유) : 의사의 치료를 받고 병이 나음.
  - 快愈(쾌유) : 병이 개운하게 나음.
- **필순**: 人 ᄉ 介 介 俞 俞 愈 愈

閏

門부의 4획

- **훈음**: 윤달 윤
- **단어**:
  - 閏年(윤년) : 윤달이나 윤일이 든 해.
  - 閏月(윤월) : 윤달. 윤여.
- **필순**: ｜ ｢ 尸 尸¹ 門 門 閏 閏

吟

口부의 4획

- **훈음**: 읊을 음
- **단어**:
  - 吟誦(음송) : 시가를 소리내어 읊음.
  - 呻吟(신음) : 고통스러워 앓는 소리.
- **필순**: ｜ 冂 口 口ˊ 口ᄉ 吟 吟

淫

水 부의 8획

훈음 음탕할 음

단어 淫亂(음란) : 음탕하고 난잡함.
淫婦(음부) : 음란한 여자.

필순 氵 氵 氵 氵 汚 浮 浮 淫

泣

水 부의 5획

훈음 울 읍

단어 泣哭(읍곡) : 소리를 내어 몹시 욺.
泣訴(읍소) : 눈물을 흘리면서 간절히 하소연함.

필순 丶 冫 氵 氵 汁 汁 泣 泣

凝

冫 부의 14획

훈음 엉길 응

단어 凝固(응고) : 엉겨 뭉쳐 딱딱하게 됨.
凝視(응시) : 한참동안 뚫어지게 자세히 봄.

필순 冫 冫 冴 涍 澍 湀 湀 凝

矣

矢 부의 2획

훈음 어조사 의

단어 鮮人矣(선인의) : 어진 자가 적다.
甚矣(심의) : 심하구나.

필순 厶 厶 厷 台 台 矣 矣

3급 배정한자 191

宜
宀부의 5획

훈음 마땅할 의
단어 宜當(의당) : 마땅히. 으레.
宜土(의토) : 어떤 식물을 재배하기에 알맞은 땅.
필순 丶丶宀宁宁官宜宜

宜

而
而부의 0획

훈음 말이을 이
단어 而今(이금) : 이제 와서.
而後(이후) : 지금부터 다음으로.
필순 一丆丆万而而

而

夷
大부의 3획

훈음 오랑캐 이
단어 夷國(이국) : 오랑캐의 나라.
夷昧(이매) : 어두움. 어리석음.
필순 一二三㐂夷夷

夷

姻
女부의 6획

훈음 혼인할 인
단어 姻戚(인척) : 외가와 처가의 혈족.
姻兄(인형) : 처남 매부 사이에 서로를 높이는 말.
필순 𡿨女女奵奶奶奶姻姻

姻

寅

훈음 범 인

단어 寅時(인시) : 십이지의 세번째 시.
寅生(인생) : 인년(범띠의 해)에 난 사람을 일컫는 말.

宀부의 8획

필순 宀 宀 宁 宙 宙 富 寅 寅

賃

훈음 품팔 임

단어 賃借(임차) : 임금을 주고 빌리는 일.
賃貸(임대) : 임금을 받고 상대편에게 사용 수익하게 함.

貝부의 6획

필순 亻 亻 仁 任 任 賃 賃 賃

刺

훈음 찌를 자

단어 刺客(자객) : 사람을 칼로 몰래 찔러 죽이는 사람.
刺繡(자수) : 바느질. 수를 놓음.

刀부의 6획

필순 一 厂 冂 市 束 束 刺 刺

恣

훈음 방자할 자

단어 放恣(방자) : 삼가는 태도가 없이 건방짐.
恣行(자행) : 방자한 행동.

心부의 6획

필순 丶 冫 冫 次 次 次 恣 恣

3급 배정한자

茲

玄부의 5획

훈음 흐릴, 이에 자

단어
水茲(수자) : 물을 흐리게 휘정거림.
茲白(자백) : 말과 비슷하고 날카로운 이가 있는 짐승.

필순 一 十 玄 玄 茲 茲

紫

糸부의 5획

훈음 자줏빛 자

단어
紫褐色(자갈색) : 검고 누런 바탕에 붉은 빛을 띤 빛깔.
紫雲(자운) : 자줏빛 구름. 상서로운 구름.

필순 ㅏ 止 止 此 毕 华 紫 紫

酌

酉부의 3획

훈음 따를 작

단어
酌婦(작부) : 술집에서 손님에게 술을 따라주는 여자.
對酌(대작) : 상대해서 술을 마심.

필순 一 冂 冋 酉 酉 酉 酌 酌

爵

爪부의 14획

훈음 벼슬 작

단어
爵祿(작록) : 관작과 봉록.
爵位(작위) : 벼슬과 지위.

필순 爫 罒 𠵈 爭 爭 爵 爵 爵

墙

훈음 담장 장

단어
墙垣(장원) : 담. 담장.
墙面(장면) : 무식하여 도리에 어두움.

土부의 13획

필순 十 土 圹 圹 坴 埣 墙 墙

哉

훈음 비롯할, 어조사 재

단어
哉生命(재생명) : 달이 처음 빛을 발하는 일. 음력 초사흗날을 일컬음.

口부의 6획

필순 一 十 土 吉 告 甙 哉 哉

宰

훈음 재상, 주장할 재

단어
宰相(재상) : 왕을 도와 모든 일을 지휘 감독하던 벼슬.
主宰(주재) : 주장하여 맡음.

宀부의 7획

필순 丶 宀 宁 宔 宰 宰 宰 宰

滴

훈음 물방울 적

단어
滴歷(적력) : 물방울 뚝뚝 떨어짐. 또는 그 소리.
滴下(적하) : 방울져서 떨어짐.

水부의 11획

필순 氵 氵 浐 浐 渧 滴 滴 滴

3급 배정한자 195

殿
殳 부의 9획

훈음: 큰집 전

단어:
殿堂(전당) : 크고 화려한 집. 어떤 분야의 중심적 건물.
宮殿(궁전) : 궁궐. 임금이 거처하는 집.

필순: ⊃ 尸 尸 屄 屉 屛 屛 殿

竊
⺮ 부의 17획

훈음: 훔칠 절

단어:
竊盜(절도) : 남의 물건을 훔침. 또는 그 사람.
竊取(절취) : 남의 물건을 훔치어 가짐.

필순: 宀 窃 窍 窍 窍 窍 窃 竊

蝶
虫 부의 9획

훈음: 나비 접

단어:
蝶泳(접영) : 헤엄치는 방법 중의 하나.
胡蝶(호접) : 나비.

필순: 虫 虫 虫 虫 虫 蝴 蝴 蝶

訂
言 부의 2획

훈음: 바로잡을 정

단어:
訂正(정정) : 잘못을 고쳐 바로잡음.
改訂(개정) : 고치어 정정함.

필순: ` 二 三 言 言 言 言 訂

堤

土부의 9획

- **훈음**: 둑 제
- **단어**:
  - 堤防(제방) : 홍수를 막기 위해 흙으로 쌓은 둑.
  - 堤堰(제언) : 하천. 댐.
- **필순**: 十 土 圹 圯 坦 垾 垾 堤

弔

弓부의 1획

- **훈음**: 조상할 조
- **단어**:
  - 弔客(조객) : 죽은 사람을 문상하는 손님.
  - 弔旗(조기) : 조의를 표하여 검은 선을 두른 기.
- **필순**: ㄱ ㄹ 弓 弔

租

禾부의 5획

- **훈음**: 구실 조
- **단어**:
  - 租稅(조세) : 국가가 국민에게서 거두는 세금.
  - 租包(조포) : 벼 담는 섬.
- **필순**: ⸌ 千 千 禾 利 秈 租 租

拙

手부의 5획

- **훈음**: 못날 졸
- **단어**:
  - 拙作(졸작) : 졸열한 작품.
  - 拙速(졸속) : 조급히 서둘러 어설프고 서투름.
- **필순**: 一 十 扌 扎 抃 扯 拙 拙

3급 배정한자

佐
人부의 5획

훈음 도울 좌

단어
補佐(보좌) : 윗사람 곁에서 그 사무를 도움.
佐郞(좌랑) : 조선 때 육조의 정육품 벼슬.

필순 ノ 亻 亻 亻 佐 佐 佐

舟
舟부의 0획

훈음 배 주

단어
舟車(주거) : 배와 수레. 교통기관.
片舟(편주) : 작은 배. 일엽편주.

필순 ノ 丿 力 月 月 舟

奏
大부의 6획

훈음 아뢸 주

단어
奏效(주효) : 효력이 나타남.
演奏(연주) : 여러 사람 앞에서 기악을 들려줌.

필순 三 声 夫 夫 秦 奏 奏

株
木부의 6획

훈음 그루 주

단어
株價(주가) : 주식, 주권의 가치.
株式(주식) : 주주권을 표시하는 유가 증권.

필순 十 才 才 术 朴 休 株 株

珠

玉 부의 6획

- **훈음**: 구슬 주
- **단어**:
  - 珠玉(주옥) : 구슬과 옥. 아름답고 귀한 것.
  - 念珠(염주) : 염불할 때에나 예불할 때 쓰는 기구.
- **필순**: 一 二 干 王 王 珎 珡 珠 珠

鑄

金 부의 14획

- **훈음**: 쇠녹일 주
- **단어**:
  - 鑄工(주공) : 쇠붙이의 주조에 종사하는 사람.
  - 鑄造(주조) : 쇠붙이를 녹여 필요한 모양을 만듦.
- **필순**: 乍 金 金 鈐 鋕 鑄 鑄 鑄

俊

人 부의 7획

- **훈음**: 준걸 준
- **단어**:
  - 俊才(준재) : 재주가 뛰어난 사람.
  - 俊秀(준수) : 재주, 슬기, 풍채가 남달리 뛰어남.
- **필순**: 亻 亻 仒 仒 仜 俊 俊 俊

遵

辶 부의 12획

- **훈음**: 좇을 준
- **단어**:
  - 遵據(준거) : 예로부터의 전례나 명성을 좇아 의거함.
  - 遵守(준수) : 그대로 좇아 지킴.
- **필순**: 八 伩 酋 酋 尊 尊 遵 遵

3급 배정한자

仲

人부의 4획

- **훈음**: 버금, 가운데 중
- **단어**:
  - 仲兄(중형) : 둘째 형.
  - 仲介(중개) : 두 당사자 사이에서 일을 주선함.
- **필순**: ノ 亻 仁 仢 仲 仲

贈

貝부의 12획

- **훈음**: 줄 증
- **단어**:
  - 贈呈(증정) : 남에게 물건을 줌.
  - 寄贈(기증) : 물품을 선물로 줌.
- **필순**: 日 貝 貝ˇ 貝䒑 貝䒑 贈 贈 贈

枝

木부의 4획

- **훈음**: 가지 지
- **단어**:
  - 枝葉(지엽) : 가지와 잎. 중요하지 않은 부분.
  - 枝梧(지오) : 서로 어긋남.
- **필순**: 一 十 才 木 朴 朴 枋 枝

只

口부의 2획

- **훈음**: 다만 지
- **단어**:
  - 只今(지금) : 현재. 이제.
  - 但只(단지) : 다만. 오직.
- **필순**: ㅣ 冂 口 只 只

遲

辶부의 12획

- **훈음**: 더딜 지
- **단어**:
  - 遲刻(지각) : 정한 시간보다 늦음.
  - 遲滯(지체) : 기한에 뒤짐. 어물어물하여 늦어짐.
- **필순**: 尸 尺 屛 屛 屋 犀 遲 遲

震

雨부의 7획

- **훈음**: 벼락 진
- **단어**:
  - 震動(진동) : 흔들려 움직임.
  - 震度(진도) : 지진이 일어났을 때 진동의 센 정도.
- **필순**: 一 厂 戶 乖 乖 乖 震

姪

女부의 6획

- **훈음**: 조카 질
- **단어**:
  - 姪女(질녀) : 조카딸.
  - 姪婦(질부) : 조카며느리.
- **필순**: ㄑ 女 女 女 妒 妒 妊 姪

懲

心부의 15획

- **훈음**: 징계할 징
- **단어**:
  - 懲戒(징계) : 허물을 뉘우치도록 경계함.
  - 懲罰(징벌) : 뒷일을 경계하려고 벌을 줌.
- **필순**: 彳 彿 律 徨 徵 徵 懲 懲

3급 배정한자

且 一 부의 4획	**훈음** 또 차 **단어** 且置(차치) : 내버려 두고 서둘지 않음. 제쳐 놓음. 重且大(중차대) : 중요하고 또 큼. **필순** ㅣ 冂 月 月 且	

借 人 부의 8획	**훈음** 빌릴 차 **단어** 賃借(임차) : 삯을 내고 물건을 빌림. 借用(차용) : 물건이나 돈을 빌리거나 꾸어서 사용함. **필순** 亻 亻 亻 仨 件 佯 借 借	

捉 手 부의 7획	**훈음** 잡을 착 **단어** 捉來(착래) : 잡아옴. 捉送(착송) : 잡아서 보냄. **필순** 十 扌 扩 护 押 押 捉 捉	

錯 金 부의 8획	**훈음** 섞일 착 **단어** 錯覺(착각) : 잘못 인식함. 錯亂(착란) : 섞이어 어지러움. 미침. 정신이 돎. **필순** 丿 𠂆 糸 金 針 針 錯 錯	

慘

心 부의 11획

훈음 슬플 참

단어 慘變(참변) : 참혹한 변.
慘狀(참상) : 참혹한 상태.

필순 ` ｜ ｜` 忄 忄󠄀 忄󠄁 快 快 慘

慙

心 부의 11획

훈음 부끄러울 참

단어 慙悔(참회) : 부끄럽게 여겨 뉘우침.
慙愧(참괴) : 부끄럽게 여김.

필순 一 日 車 斬 斬 斬 慙 慙

暢

日 부의 10획

훈음 화창할 창

단어 暢達(창달) : 구김살 없이 발달함.
和暢(화창) : 날씨가 온화하고 맑음.

필순 日 申 甲 甲 暘 暘 暢 暢

債

人 부의 11획

훈음 빚 채

단어 債券(채권) : 채무를 증명하는 유가증권.
私債(사채) : 개인 사이에 진 빚.

필순 亻 亻 亻 倩 倩 倩 債 債

3급 배정한자

斥

斥 부의 1획

- **훈음**: 물리칠 척
- **단어**: 排斥(배척) : 반대하여 물리침.
  斥和(척화) : 화의를 배척함.
- **필순**: ′ 厂 厂 斤 斥

遷

辶 부의 11획

- **훈음**: 옮길 천
- **단어**: 遷都(천도) : 서울을 옮김.
  遷職(천직) : 직업을 바꿈.
- **필순**: 一 两 西 亜 覀 覂 覂 遷

薦

艸 부의 13획

- **훈음**: 뽑을 천
- **단어**: 薦擧(천거) : 사람을 어떤 자리에 쓰도록 추천함.
  推薦(추천) : 인재를 천거함.
- **필순**: 丶 艹 芦 芦 薦 薦 薦

尖

小 부의 3획

- **훈음**: 뾰족할 첨
- **단어**: 尖端(첨단) : 물건이 뾰족하게 모난 끝. 유행의 시초.
  尖塔(첨탑) : 뾰족한 탑.
- **필순**: 丨 ⺌ 小 ⺌ 尘 尖

添
水부의 8획

훈음 더할 첨
단어 添加(첨가) : 더하여 붙임. 붙여 더하게 함. 또는 그 일.
添附(첨부) : 더함. 같이 붙임.
필순 氵 氵 氵 氺 添 添 添 添

妾
女부의 5획

훈음 첩 첩
단어 妾子(첩자) : 서자.
妾丈母(첩장모) : 첩의 친어머니.
필순 丶 亠 ㅗ 宀 立 立 妾 妾

晴
日부의 8획

훈음 갤 청
단어 晴曇(청담) : 날씨의 갬과 흐림.
晴天(청천) : 맑게 갠 하늘.
필순 冂 日 日⁻ 日⁺ 晴 晴 晴 晴

替
日부의 8획

훈음 바꿀 체
단어 代替(대체) : 서로 바꾸어 가며 대신함. 교체.
交替(교체) : 서로 교대함.
필순 一 二 ナ 夫 扶 替 替 替

3급 배정한자

滯
水부의 11획

훈음: 막힐 체

단어:
滯留(체류) : 딴 곳에 가서 오래 머물러 있음.
滯納(체납) : 세금이나 공과금 등을 기한 내에 내지 않음.

필순: 氵 氵 氵 氵 泄 滯 滯 滯

逮
辶부의 8획

훈음: 잡을 체

단어:
逮捕(체포) : 죄인을 쫓아가서 잡음.
逮繫(체계) : 범인을 체포하여 옥에 가둠.

필순: 그 ヨ 肀 肀 隶 逮 逮

遞
辶부의 10획

훈음: 갈마들 체

단어:
遞信(체신) : 여러 곳을 들러 소식이나 편지 따위를 전함.
遞夫(체부) : 역전의 역졸. 우체부의 준말.

필순: 厂 厃 严 庐 虒 虎 遞 遞

抄
手부의 4획

훈음: 베낄 초

단어:
抄本(초본) : 발췌한 책. 문서의 일부분을 빼어 쓴 것.
抄出(초출) : 빼냄. 빼어 씀.

필순: 一 丨 扌 扒 扑 抄 抄

秒	훈음	시간단위 초
禾 부의 4획	단어	秒速(초속) : 일초 동안의 속도. 秒針(초침) : 초를 가리키는 시계 바늘.
	필순	ノ ニ 千 千 禾 利 秒 秒

燭	훈음	촛불 촉
火 부의 13획	단어	燭光(촉광) : 촛불의 빛. 洞燭(통촉) : 밝게 살핌.
	필순	ヽ 火 火 炉 炉 焗 燭 燭

聰	훈음	귀밝을 총
耳 부의 11획	단어	聰氣(총기) : 총명한 기질. 聰明(총명) : 보고 들은 것에 대한 기억력이 좋음.
	필순	厂 王 耳 耵 聊 聆 聰 聰

抽	훈음	뽑을 추
手 부의 5획	단어	抽身(추신) : 바쁜 중에 몸을 뺌. 抽出(추출) : 뽑아냄.
	필순	一 十 扌 扑 扣 抽 抽 抽

3급 배정한자

醜
酉 부의 10획

- 훈음: 더러울 추
- 단어: 醜女(추녀) : 얼굴이 못생기고 추한 여자.
  醜物(추물) : 더러운 물건.
- 필순: 丆 丙 酉 酉⺁ 酉⺁ 酉鬼 醜 醜

醜

丑
一 부의 3획

- 훈음: 소 축
- 단어: 丑年(축년) : 태세의 지지가 축으로 되는 해. 소의 해.
  丑日(축일) : 일진이 축인 날.
- 필순: 丁 刀 丑 丑

丑

畜
田 부의 5획

- 훈음: 가축 축
- 단어: 畜舍(축사) : 가축을 기르는 집.
  家畜(가축) : 집에서 기르는 짐승.
- 필순: 丶 亠 玄 玄 产 斉 斎 畜

逐
辶 부의 7획

- 훈음: 쫓을 축
- 단어: 逐出(축출) : 쫓아 물리침. 몰아 냄.
  角逐(각축) : 서로 이기려고 경쟁함.
- 필순: 丆 彑 豸 豕 豕 豖 逐 逐

臭
自 부의 4획

- **훈음**: 냄새 취
- **단어**:
  - 臭氣(취기) : 비위를 상하게 하는 좋지 못한 냄새.
  - 惡臭(악취) : 불쾌한 냄새. 싫은 냄새.
- **필순**: 冂 户 自 自 皁 臭 臭 臭

漆
水 부의 11획

- **훈음**: 옻 칠
- **단어**:
  - 漆器(칠기) : 옻칠을 하여 아름답게 만든 기물.
  - 漆夜(칠야) : 매우 캄캄한 밤.
- **필순**: 氵 汁 沐 泮 淶 㴝 漆 漆

枕
木 부의 4획

- **훈음**: 베개 침
- **단어**:
  - 枕木(침목) : 물건을 괴는 나무.
  - 枕上(침상) : 베개의 위.
- **필순**: 一 十 才 木 朩 朾 枕 枕

浸
水 부의 7획

- **훈음**: 잠길 침
- **단어**:
  - 浸水(침수) : 홍수로 논, 밭, 집이 물에 잠김.
  - 浸染(침염) : 차츰차츰 물듦.
- **필순**: 氵 氵 冫 浐 浐 浔 浸 浸

3급 배정한자

훈음 온당할 타
단어 妥結(타결) : 두 편이 서로 좋도록 협의하여 약속을 맺음.
妥協(타협) : 협의하여 해결함.
女부의 4획
필순 ノ ⺌ ⺌ ⺌ 乊 妥 妥

훈음 떨어질 타
단어 墮落(타락) : 품행이 나빠서 못된 구렁에 빠짐.
墮罪(타죄) : 죄에 빠짐.
土부의 12획
필순 ㇅ ㇉ 阝 阝⁻ 阣 陏 隋 隋 墮

훈음 받칠,맡길 탁
단어 托子(탁자) : 찻종을 받쳐 드는 작은 바침.
依托(의탁) : 남에게 의존함. 남에게 의뢰하여 부탁함.
手부의 3획
필순 一 十 扌 扌 托 托

훈음 흐릴 탁
단어 濁流(탁류) : 흘러가는 흐린 물.
混濁(혼탁) : 불순한 것들이 섞여 흐림.
水부의 13획
필순 氵 氵⁻ 氵⁼ 沪 沪 渭 濁 濁

濯 水부의 14획

훈음: 씻을 탁

단어:
濯足(탁족) : 발을 씻음. 세족.
洗濯(세탁) : 빨래.

필순: 氵 氵 氵 沪 沪 渭 渭 濯

誕 言부의 7획

훈음: 태어날 탄

단어:
誕生(탄생) : 사람이 태어남. 귀한 사람의 태어남을 말함.
誕辰(탄신) : 임금이나 성인이 태어난 날.

필순: 亠 言 言 訂 証 証 誕 誕

奪 大부의 11획

훈음: 빼앗을 탈

단어:
奪取(탈취) : 남의 것을 억지로 빼앗아 가짐.
奪還(탈환) : 도로 빼앗음. 탈회.

필순: 一 大 木 本 杏 奋 奪 奪

貪 貝부의 4획

훈음: 탐할 탐

단어:
貪食(탐식) : 음식을 탐함.
貪慾(탐욕) : 탐내는 욕심.

필순: 丿 人 仒 今 今 含 貪 貪

湯
水 부의 9획

훈음 끓일 탕

단어 湯器(탕기) : 국이나 찌개 등을 담는 자그마한 그릇.
湯藥(탕약) : 달여서 먹는 한약.

필순 氵 氿 沜 浿 浿 淂 湯 湯

怠
心 부의 5획

훈음 게으를 태

단어 懶怠(나태) : 게으르고 느림.
怠慢(태만) : 게으르고 느림.

필순 厶 厷 台 台 台 怠 怠 怠

吐
口 부의 3획

훈음 토할 토

단어 吐露(토로) : 속마음을 들어내어 말함.
實吐(실토) : 일의 진상을 말함.

필순 丨 冂 口 口一 吐 吐

透
辶 부의 7획

훈음 통할 투

단어 透明(투명) : 환히 트임.
透視(투시) : 바깥 것을 거쳐서 그 속의 것을 꿰뚫어 봄.

필순 二 千 禾 禿 秀 秀 诱 透 透

把 手부의 4획	훈음	잡을 파
	단어	把守(파수) : 경계하여 지킴. 把握(파악) : 어떤 일을 잘 이해하여 확실하게 앎.
	필순	ー 十 扌 扌 扣 把

把

頗 頁부의 5획	훈음	자못,비뚤어질 파
	단어	頗多(파다) : 자못 많음. 매우 많음. 偏頗(편파) : 공정하지 못하고 한쪽으로 치우침.
	필순	ノ 厂 广 皮 皮 皷 頗 頗

頗

罷 网부의 10획	훈음	파할 파
	단어	罷免(파면) : 직무를 그만두게 함. 罷行(파행) : 행위를 그만둠.
	필순	冖 冂 四 罒 罘 罘 罷 罷

罷

播 手부의 12획	훈음	심을 파
	단어	播多(파다) : 소문이 자자함. 播種(파종) : 논과 밭에 씨를 뿌림.
	필순	十 扌 扩 护 押 採 播 播

播

3급 배정한자

販

貝부의 4획

- **훈음**: 팔 판
- **단어**:
  - 販賣(판매) : 상품을 팖.
  - 販促(판촉) : 판매를 촉진함.
- **필순**: ㅣ 冂 日 貝 貯 貯 販 販

貝

貝부의 0획

- **훈음**: 조개 패
- **단어**:
  - 貝類(패류) : 조개의 종류.
  - 貝塚(패총) : 조개더미.
- **필순**: ㅣ 冂 円 月 目 貝 貝

偏

人부의 9획

- **훈음**: 치우칠 편
- **단어**:
  - 偏見(편견) : 공정하지 못하고 한쪽으로 치우치는 생각.
  - 偏頗(편파) : 한편으로 치우쳐 공평하지 못함.
- **필순**: 亻 亻 伫 伫 伫 偏 偏 偏

遍

辶부의 9획

- **훈음**: 두루 편
- **단어**:
  - 遍歷(편력) : 널리 각지를 다님.
  - 遍照(편조) : 두루 비침. 법신불의 광명이 온 세계를 비침.
- **필순**: 冂 冖 戶 肓 肓 扁 徧 遍

編

糸부의 9획

훈음 엮을 편

단어
編成(편성) : 엮어서 만듦.
編纂(편찬) : 여러 종류의 재료를 모아 책을 펴냄.

필순 乡 糸 紀 紒 紒 絹 絹 編

廢

广부의 12획

훈음 그만둘 폐

단어
廢農(폐농) : 농사에 실패함.
廢物(폐물) : 아무 소용 없게 된 물건.

필순 广 户 庀 庇 廖 廖 廢 廢

幣

巾부의 12획

훈음 폐백 폐

단어
幣物(폐물) : 선사하는 물건.
幣帛(폐백) : 신부가 처음 시부모를 뵐 때 드리는 음식.

필순 ノ ハ 丬 肖 岗 敝 幣 幣

蔽

艸부의 12획

훈음 가릴 폐

단어
隱蔽(은폐) : 가리어 숨김.
蔽塞(폐색) : 가리어 막음.

필순 ノ ﹉ 艹 芇 芇 苉 蔽 蔽

3급 배정한자

抱
手부의 5획

- **훈음**: 안을 포
- **단어**:
  - 抱負(포부) : 마음속에 지닌 앞날의 생각.
  - 抱擁(포옹) : 품에 껴안음.
- **필순**: 一 亅 扌 扌 扒 扚 抝 抱

飽
食부의 5획

- **훈음**: 배부를 포
- **단어**:
  - 飽滿(포만) : 배가 지나치게 부름.
  - 飽食(포식) : 배불리 먹음.
- **필순**: 𠂉 𠂊 𠂎 食 飣 飥 飩 飽

捕
手부의 7획

- **훈음**: 잡을 포
- **단어**:
  - 捕虜(포로) : 사로잡힌 적군의 군사.
  - 捕縛(포박) : 잡아서 묶음.
- **필순**: 亅 扌 扩 扪 挧 捎 捕 捕

幅
巾부의 9획

- **훈음**: 너비 폭
- **단어**:
  - 幅廣(폭광) : 한 폭이 될 만한 너비.
  - 步幅(보폭) : 발걸음의 너비.
- **필순**: 丨 冂 巾 巾' 巾一 幅 幅 幅

漂
水부의 11획

훈음 떠돌, 빨래할 표
단어 漂流(표류): 물에 둥둥 떠서 흘러감.
漂白(표백): 바래거나 약품을 써서 희게 함.
필순 氵 氵 沪 沪 沪 漂 漂 漂

匹
匸부의 2획

훈음 짝 필
단어 匹夫(필부): 보잘것없고 평범한 남자.
配匹(배필): 부부로서의 짝. 배우자.
필순 一 丆 兀 匹

荷
艸부의 7획

훈음 멜, 연꽃 하
단어 荷役(하역): 짐을 싣고 부리는 일.
荷花(하화): 연꽃. = 연화(蓮花)
필순 丶 艹 艹 扩 扩 芢 荷 荷

汗
水부의 3획

훈음 땀 한
단어 汗蒸(한증): 몸에 땀을 내어 병을 치료하는 방법.
汗線(한선): 땀샘.
필순 丶 丶 氵 氵 汅 汗

3급 배정한자

旱
日 부의 3획

훈음 가물 한

단어
旱祭(한제) : 가뭄에 지내는 제사.
旱害(한해) : 가뭄으로 오는 재해.

필순 ㅣ 冂 日 日 旦 旱 旱

咸
口 부의 6획

훈음 다 함

단어
咸池(함지) : 해가 진다고 하는 큰 못.
咸集(함집) : 모두 모임.

필순 ㇓ 厂 厂 厂 后 咸 咸 咸

巷
己 부의 6획

훈음 거리 항

단어
巷間(항간) : 일반 민중들 사이.
巷說(항설) : 거리에 떠도는 소문.

필순 一 廾 共 共 共 共 恭 巷

奚
大 부의 7획

훈음 종,어찌 해

단어
奚童(해동) : 아이 종.
奚特(해특) : 어찌. 특히.

필순 一 ⺈ 爫 爫 또 또 奚 奚

亥

亠 부의 4획

- **훈음**: 돼지 해
- **단어**: 亥生(해생) : 태세의 지지가 해로 된 해에 난 사람.
  亥時(해시) : 오후 9시부터 11시.
- **필순**: 亠 亠 亅 亥 亥 亥

該

言 부의 6획

- **훈음**: 갖출 해
- **단어**: 該當(해당) : 무엇에 관계되는 바로 그것. 바로 들어맞음.
  該博(해박) : 학문과 지식이 넓음.
- **필순**: 言 言 言 言 訁 該 該 該

享

亠 부의 6획

- **훈음**: 누릴 향
- **단어**: 享樂(향락) : 즐거움을 누림.
  享宴(향연) : 아랫사람에게 내리는 주연.
- **필순**: 亠 亠 宁 宁 享 享 享 享

軒

車 부의 3획

- **훈음**: 추녀 헌
- **단어**: 軒頭(헌두) : 추녀 끝. 처마.
  軒燈(헌등) : 처마 끝에 다는 등.
- **필순**: 一 亠 古 百 百 車 軒 軒

3급 배정한자

絃
糸 부의 5획

훈음 악기줄 현

단어
絃樂器(현악기) : 줄을 켜서 소리를 내는 악기.
絃吹(현취) : 현악기와 취악기.

필순 〈 幺 糸 糸 糽 紋 絃 絃

縣
糸 부의 10획

훈음 고을 현

단어
縣吏(현리) : 현의 벼슬아치.
縣令(현령) : 현의 으뜸 벼슬.

필순 目 旦 早 県 県 縣 縣 縣

穴
穴 부의 0획

훈음 구멍 혈

단어
穴農(혈농) : 작은 규모의 농사.
洞穴(동혈) : 깊고 넓은 굴의 구멍.

필순 ` ´ 宀 宂 穴

嫌
女 부의 10획

훈음 싫어할 혐

단어
嫌惡(혐오) : 싫어하고 미워함.
嫌疑(혐의) : 꺼리고 싫어함. 범죄를 저질렀으리라는 의심.

필순 女 女 女 女 妌 婞 嫌 嫌

亨
亠부의 5획

- **훈음**: 형통할 형
- **단어**:
  - 亨嘉(형가) : 좋은 때를 만남.
  - 亨通(형통) : 모든 일이 뜻과 같이 됨.
- **필순**: 丶 亠 亠 亠 亨 亨 亨

螢
虫부의 10획

- **훈음**: 반딧불 형
- **단어**:
  - 螢光(형광) : 반딧불의 빛.
  - 螢雪之功(형설지공) : 고생을 하면서 공부하여 얻은 보람.
- **필순**: 丷 ⺌ 炏 炏 炏 炏 螢 螢

衡
行부의 10획

- **훈음**: 저울 형
- **단어**:
  - 衡平(형평) : 균형이 잡힘. 수평.
  - 均衡(균형) : 어느 한쪽으로 기울거나 치우치지 않고 고름.
- **필순**: 彳 彳 徏 徏 徏 徏 衡 衡

兮
八부의 2획

- **훈음**: 어조사 혜
- **단어**:
  - 極兮(극혜) : 다하고 나니.
  - 樂兮(낙혜) : 즐거움이여.
- **필순**: 丿 八 公 兮

3급 배정한자

弘
弓 부의 2획

훈음: 넓을 홍
단어:
- 弘報(홍보) : 널리 알림.
- 弘益(홍익) : 크게 이익되게 함.

필순: ｀ ⁊ 弓 弘 弘

鴻
鳥 부의 6획

훈음: 클, 큰기러기 홍
단어:
- 鴻德(홍덕) : 큰덕.
- 鴻恩(홍은) : 크고 넓은 은혜.

필순: 氵 氵 汀 沍 沍 沍 鴻 鴻

禾
禾 부의 0획

훈음: 벼 화
단어:
- 禾粟(화속) : 벼와 조.
- 禾花(화화) : 벼의 꽃.

필순: ノ 二 千 禾 禾

穫
禾 부의 14획

훈음: 거둘 확
단어:
- 穫刈(확예) : 곡식을 베는 것.
- 收穫(수확) : 곡식을 거둬 들임. 일에 소득을 거둠.

필순: 千 禾 秄 秄 秼 秼 穫 穫

3급 배정한자

擴	훈음	넓힐 확
手부의 15획	단어	擴大(확대) : 넓힘. 늚. 擴充(확충) : 넓혀서 충실하게 함.
	필순	扌 扩 扩 扩 擔 擔 擴 擴

丸	훈음	알 환
丶부의 2획	단어	丸藥(환약) : 가루로 작고 둥글게 빚은 알약. 丸劑(환제) : 환약.
	필순	丿 九 丸

荒	훈음	거칠 황
艹부의 6획	단어	荒野(황야) : 거친 들판. 荒凉(황량) : 황폐하여 쓸쓸함.
	필순	丶 一 艹 艹 艼 芢 荒 荒

曉	훈음	새벽 효
日부의 12획	단어	曉達(효달) : 깨달아 통달함. 曉鐘(효종) : 새벽 종소리.
	필순	冂 日 日⁻ 日⁺ 旿 腤 睦 曉

侯	훈음	제후 후
人부의 7획	단어	諸侯(제후) : 봉건시대에 영내의 백성을 다스리던 영주. 侯門(후문) : 귀인의 집.
	필순	亻 亻 亻 亻 亻 亻 侯 侯

毁	훈음	헐 훼
殳부의 9획	단어	毁損(훼손) : 체면과 명예를 손상함. 毁瘠(훼척) : 너무 슬퍼하여 몸이 수척해짐.
	필순	丨 丨 臼 臼 臼 臼 毁 毁

輝	훈음	빛날 휘
車부의 8획	단어	輝光(휘광) : 빛남. 또는 찬란한 빛. 輝煌(휘황) : 광채가 눈부시게 빛남.
	필순	丨 丨 丬 光 炉 炉 煇 輝

携	훈음	가질 휴
手부의 10획	단어	携帶(휴대) : 손에 들거나 몸에 지님. 携行(휴행) : 무엇을 가지고 다님.
	필순	扌 扌 扩 扩 拌 挂 携 携

3급 배정한자

胸

肉부의 6획

- 훈음: 가슴 흉
- 단어:
  - 胸部(흉부) : 인체에 있어서 횡격막의 상부를 말함.
  - 胸中(흉중) : 가슴 속에 두고 있는 생각.
- 필순: ﾉ 月 ﾉ' 肊 朐 胸 胸 胸

胸

4장 2급 배정한자

柯
木부의 5획

훈음 가지 가

단어 柯葉(가엽) : 가지와 잎.
南柯一夢(남가일몽) : 꿈과 같이 헛된 한때의 부귀영화.

필순 一 十 オ 木 朾 柯 柯 柯

軻
車부의 5획

훈음 높을 가

단어 軻峨(가아) : 높은 모양.
丘軻(구아) : 언덕의 높은 곳.

필순 一 ㄇ 亘 車 車 軻 軻 軻

伽
人부의 5획

훈음 절 가

단어 伽藍(가람) : 절. 사원.
伽倻琴(가야금) : 가야국의 우륵이 만든 현악기.

필순 ノ 亻 彳 伍 伽 伽 伽

迦
辶부의 5획

훈음 부처 가

단어 釋迦(석가) : 석가모니.
釋迦世尊(석가세존) : 석가모니를 높여 부르는 말.

필순 フ カ 加 加 㧖 迦 迦 迦

賈 貝부의 6획	훈음	**값 가, 장사할 고**
	단어	市賈(시가) : 시장의 가격. 賈船(고선) : 장삿배. 화물선 따위.
	필순	一 丆 襾 襾 覀 覀 賈 賈

珏 玉부의 5획	훈음	**쌍옥 각**
	단어	珏簪(각잠) : 한 쌍의 옥으로 만든 비녀.
	필순	一 Ⅰ 王 玝 玨 珏

杆 木부의 3획	훈음	**나무 간**
	단어	杆菌(간균) : 몸이 둥근 세균. 杆太(간태) : 강원도 간성 앞 바다에서 잡히는 명태.
	필순	一 十 才 木 朾 杆 杆

艮 艮부의 0획	훈음	**괘이름 간**
	단어	艮卦(간괘) : 팔괘(八卦)의 하나. 艮方(간방) : 24방위의 하나. 동북방.
	필순	丨 コ ヨ 艮 艮 艮

2급 배정한자

葛
艸부의 9획

훈음 칡 갈

단어
葛根(갈근) : 칡뿌리.
葛藤(갈등) : 번뇌함. 뒤얽힌 모양. 서로 뜻이 맞지 않음.

필순 一 艹 芍 苩 莒 葛 葛 葛

葛

鞨
革부의 9획

훈음 말갈족 갈

단어
鞨鼓(갈고) : 말갈족이 사용하는 북.
靺鞨(말갈) : 옛 중국의 한 종족의 이름.

필순 一 廿 甘 苩 革 革' 鞨 鞨

鞨

邯
邑부의 5획

훈음 땅이름 감,한

단어
邯鄲之夢(한단지몽) : 옛 중국 한단 지방의 노생이 낮잠을 자다 꾼 꿈에서 온 고사성어. 인생의 덧없음을 뜻함.

필순 一 十 丗 甘 甘' 甘┐邯

邯

憾
心부의 13획

훈음 섭섭할 감

단어
憾情(감정) : 원망하거나 서운한 마음.
憾悔(감회) : 원망하고 후회함.

필순 忄 忄 忄 忄 忄 忄 忄 憾

憾

- 훈음: 산허리 갑
- 단어: 岬角(갑각) : 바다쪽으로 뾰족히 내민 육지. 반도보다 작은 규모의 곳.
- 필순: ｜ 凵 山 山⁀ 山⁀ 岬

山부의 5획

岬

- 훈음: 갑옷 갑
- 단어: 鉀衣(갑의) : 철갑옷.
- 필순: ノ ト 牟 金 釒 鉀 鉀

金부의 5획

鉀

- 훈음: 언덕 강
- 단어: 高岡(고강) : 높은 언덕.
  崑岡(곤강) : 산등성이.
- 필순: ｜ 冂 冂 冈 冈 岡 岡

山부의 5획

岡

- 훈음: 언덕 강
- 단어: 岡의 俗字.
- 필순: ' 屮 屶 岢 岢 岗 崗 崗

山부의 8획

崗

2급 배정한자

훈음 성씨 강

단어 姜氏(강씨) : 강 씨 성을 가진 사람.

女부의 6획

필순 丶 丷 ᅷ ᅶ 羊 差 姜 姜

훈음 굳셀 강

단어 彊弩末勢不能穿魯縞(강노말세불능천노호) : 강한 쇠뇌로 쏜 화살도 힘이 다 하면 노나라의 비단조차 뚫지 못한다.
强 : 彊의 간체자

弓부의 13획

필순 ⁊ 弓 弓ㄱ 弓ㄸ 弓ㅍ 弓畐 弓畐 彊

훈음 지경 강

단어 疆土(강토) : 국경 이내의 땅.
侵疆(침강) : 국경을 넘어 침노함.

田부의 14획

필순 ⁊ 弓 弖 弓亠 弓田 弓畐 疆 疆

훈음 착할, 하인 개

단어 使价(사개) : 하인을 부림.

人부의 4획

필순 丿 亻 ㇰ 价 价 价

232

堩
土부의 10획

훈음 높고건조할 개

단어 爽塏(상개) : 시원하고 높음.
幽塏(유개) : 고요하고 높음.

필순 十 土 圵 圵 圵 圴 垍 塏 塏

坑
土부의 3획

훈음 구덩이 갱

단어 坑道(갱도) : 광산 따위에서 갱 속의 길.
坑木(갱목) : 갱도나 갱 속에 버티어 대는 나무.

필순 十 土 圵 圵 圵 坑

鍵
土부의 9획

훈음 열쇠 건

단어 鍵盤(건반) : 피아노 등의 누름판.
關鍵(관건) : 문빗장. 사물의 가장 중요한 곳. 핵심.

필순 人 钅 金 釒 鈩 鈩 鍵 鍵

桀
木부의 6획

훈음 임금 걸

단어 桀狗吠堯(걸구폐요) : 걸왕의 개가 요 임금 같은 성군을 보고 짖는다는 뜻으로, 간신배를 이르는 말.

필순 夕 夘 処 舛 桀 桀

2급 배정한자

杰	훈음	뛰어날 걸
木부의 4획	단어	傑의 俗字.
	필순	一 十 才 木 杰 杰

杰

憩	훈음	쉴 게
心부의 12획	단어	休憩(휴게) : 일을 하거나 길을 걷는 동안 잠깐 쉼. 憩息(게식) : 잠깐 쉬면서 숨을 돌림.
	필순	⺈ 千 舌 飢 胡 舌甘 憩 憩

憩

揭	훈음	걸 게
手부의 9획	단어	揭示(게시) : 써 붙이거나 내걸어 두루 보임. 揭揚(게양) : 높이 올려 걺.
	필순	亻 扌 扌⼄ 扫 捐 揭 揭

揭

甄	훈음	질그릇,살필 견
瓦부의 9획	단어	甄工(견공) : 질그릇 만드는 사람. 甄綜(견종) : 시비를 살피어 가림.
	필순	冖 西 酉 覀 甄 甄 甄

甄

炅	훈음: 빛날 경
火부의 4획	단어:
	필순: ㅁ 日 곡 炅 炅 炅

璟	훈음: 옥빛, 사람이름 경
玉부의 12획	단어:
	필순: 一 ㅜ 王 玎 玾 理 瑁 璟 璟

儆	훈음: 경계할 경
人부의 13획	단어: 儆戒(경계): 잘못이 없도록 미리 마음을 가다듬어 조심함. = 警戒.
	필순: 亻 亻' 亻'' 仔 筍 儆 儆 儆

瓊	훈음: 옥 경
玉부의 14획	단어: 瓊盤(경반): 옥으로 장식한 쟁반. 瓊杯(경배): 옥으로 만든 술잔.
	필순: 一 ㅜ 王 玎 玲 瑢 瓊 瓊

2급 배정한자

훈음 언덕, 부를 고

단어 皐門(고문) : 도성 제일 바깥쪽의 가장 높은 문.
皐復(고복) : 죽은 이의 혼을 부르는 의식.

白부의 6획

필순 ⼀ ⼕ 白 白 皐 皐 皐

훈음 품팔 고

단어 雇用(고용) : 품삯을 주고 사람을 부림.
雇傭(고용) : 품삯을 받고 남의 일을 함.

隹부의 12획

필순 厂 户 户 户 启 扉 雇

훈음 버릇 관, 꿸 천(관), 땅이름 곶

단어 串狎(관압) : 흉허물 없는 사귐. 串柿(천[관]시) : 곶감.
串(곶) : 육지가 바다 쪽으로 길게 내민 곶.

丨부의 6획

필순 冂 口 吕 吕 串

훈음 창 과

단어 戈劍(과검) : 창과 칼.
干戈(간과) : 방패와 창, 병기를 통틀어 이르는 말.

戈부의 0획

필순 一 七 戈 戈

瓜
瓜부의 0획

- **훈음**: 오이 과
- **단어**:
  - 瓜年(과년) : 여자가 혼기에 이른 나이.
  - 瓜田(과전) : 오이 밭.
- **필순**: 厂 瓜 瓜

菓
艹부의 8획

- **훈음**: 과자 과
- **단어**:
  - 菓子(과자) : 과자.
  - 菓品(과품) : 과자 또는 과일의 총칭.
- **필순**: 十 艹 芍 芇 苩 菓 菓 菓

琯
玉부의 8획

- **훈음**: 옥피리 관
- **단어**: 玉琯(옥관) : 옥으로 만들어 금옥빛이 나는 피리.
- **필순**: 丁 王 珒 珒 琯 琯

款
欠부의 8획

- **훈음**: 정성 관
- **단어**:
  - 款曲(관곡) : 매우 정답고 친절한 모양.
  - 款識(관식) : 예전에 종이나 그릇에 새긴 글자나 표시.
- **필순**: 十 圭 丰 耒 款 款 款

2급 배정한자

傀

人부의 10획

- **훈음**: 괴뢰 괴
- **단어**:
  - 傀儡(괴뢰) : 꼭둑각시. 남이 시키는 대로 하는 사람.
  - 傀奇(괴기) : 이상하고 기이한 모양.
- **필순**: 亻 亻' 亻白 伯 伊 傀 傀

槐

木부의 10획

- **훈음**: 홰나무 괴
- **단어**:
  - 槐位(괴위) : 삼공(三公)의 지위. 주(周)나라 때 조정에 홰나무 세 그루를 심어 삼공의 자리를 정한 데서 온 말.
- **필순**: 十 木 木' 村 柙 椰 槐 槐

絞

糸부의 6획

- **훈음**: 목맬 교
- **단어**:
  - 絞殺(교살) : 목졸라 죽임.
  - 絞首(교수) : 목을 맴.
- **필순**: 幺 糸 紆 紆 紗 絞

僑

人부의 12획

- **훈음**: 붙어살 교
- **단어**:
  - 僑民(교민) : 외국에 살고 있는 겨레.
  - 僑胞(교포) : 외국에 살고 있는 동포.
- **필순**: 亻 亻' 仾 俦 僑 僑

膠	훈음	아교 교
肉부의 11획	단어	膠狀(교상) : 물질이 끈적끈적한 모양. 膠漆(교칠) : 아교와 옻, 즉 매우 밀접함을 이르는 말.
	필순	丿 月 月¹ 月² 胅 膠 膠

玖	훈음	옥돌 구
玉부의 3획	단어	玖璇(구선) : 옥 이름.
	필순	一 二 王 王¹ 玖 玖

邱	훈음	언덕,땅 구
邑부의 5획	단어	大邱(대구) : 지명.
	필순	丨 丘 丘 丘¹ 丘² 邱

歐	훈음	토할 구
欠부의 11획	단어	歐美(구미) : 유럽과 미주. 歐亞(구아) : 유럽과 아시아.
	필순	匚 匞 臣 區 區¹ 區² 歐

2급 배정한자

鷗
鳥부의 11획

- **훈음**: 갈매기 구
- **단어**: 鷗鷺(구로) : 갈매기와 백로.
  鷗汀(구정) : 갈매기가 있는 물가.
- **필순**: ㅋ 品 區 區 䥷 鷗 鷗 鷗

購
貝부의 10획

- **훈음**: 살 구
- **단어**: 購買(구매) : 물건을 구입함.
  購入(구입) : 물건을 사들임.
- **필순**: 冂 目 貝 貝' 貝㫃 購 購 購

鞠
革부의 8획

- **훈음**: 공, 국문할 국
- **단어**: 蹴鞠(축국) : 공을 차는 놀이.
  鞠問(국문) : 죄인을 심문함.
- **필순**: 艹 苫 苩 靮 鞠 鞠 鞠

掘
手부의 8획

- **훈음**: 팔 굴
- **단어**: 掘鑿(굴착) : 땅을 파서 구멍을 뚫음.
  發掘(발굴) : 땅 속에 묻힌 물건을 파냄.
- **필순**: 亅 扌 扩 护 折 捆 掘

窟
穴부의 8획

훈음 동굴 굴

단어 洞窟(동굴) : 깊고 넓은 굴.
巢窟(소굴) : 도적 등 무뢰한들의 근거지.

필순 丶 宀 宀 宀 宁 宵 窟 窟

圈
囗부의 8획

훈음 우리 권

단어 圈樞(권추) : 원의 중심.
圈內(권내) : 범위의 안. 테두리 안.

필순 冂 冂 冂 冏 冏 圈 圈

闕
門부의 10획

훈음 대궐, 빠뜨릴 궐

단어 宮闕(궁궐) : 임금님이 사는 집. 대궐.
闕席(궐석) : 자리가 빔.

필순 冂 冃 冂 門 門 門 闕 闕 闕

圭
土부의 3획

훈음 홀, 쌍토 규

단어 圭[홀] : 천자가 제후에게 주던 신표. 저울의 눈금 단위.
圭田(규전) : 녹 외에 별도로 하사받은 밭.

필순 一 十 土 土 丰 圭

2급 배정한자 **241**

珪

옥부의 6획

- **훈음**: 홀, 원소 규
- **단어**: 圭[홀]의 옛 글자.
  珪素(규소) : 비금속 원소의 하나.
- **필순**: 一 = 王 玗 珪 珪 珪

奎

大부의 6획

- **훈음**: 별이름 규
- **단어**: 奎章閣(규장각) : 역대 임금의 서화, 고명, 유교 등을 보관하던 관아.
- **필순**: 一 大 本 奁 奎 奎

揆

手부의 9획

- **훈음**: 헤아릴 규
- **단어**: 揆策(규책) : 헤아림. 책략.
  揆度(규탁) : 헤아려 생각함.
- **필순**: 扌 扌 扩 扩 挬 揆 揆

閨

門부의 6획

- **훈음**: 안방 규
- **단어**: 閨房(규방) : 안방. 침실.
  閨秀(규수) : 어진 부인. 학문과 재주가 뛰어난 여자.
- **필순**: 丨 冂 冂 門 門 閨 閨 閨

槿
木부의 11획

훈음 무궁화 근

단어 槿域(근역) : 우리나라, 무궁화가 아름답게 피는 지역의 뜻.
槿花(근화) : 무궁화꽃.

필순 十 木 𣎵 𣎵 榨 榗 槿 槿

瑾
玉부의 11획

훈음 아름다운옥 근

단어 瑾瑜匿瑕(근유익하) : 옥에도 티가 있음. 현인도 허물이 있을 수 있다는 말.

필순 丁 王 𤣩 𤤰 瑾 瑾 瑾 瑾

兢
儿부의 12획

훈음 삼갈 긍

단어 兢兢(긍긍) : 두려워서 떠는 모양.

필순 十 古 克 𠩄 㢸 㢸 兢

岐
山부의 4획

훈음 갈림길 기

단어 岐路(기로) : 갈림길.
分岐(분기) : 나뉘어 갈라지거나 그 갈래.

필순 丨 山 山一 屵 岠 岐

琦
玉부의 8획

- **훈음**: 옥이름 기
- **단어**: 琦辭(기사) : 기이한 말.
- **필순**: 王 王⁻ 王⁺ 玗 琦 琦

沂
水부의 4획

- **훈음**: 물이름 기
- **단어**:
- **필순**: 丶 氵 氵 沂 沂 沂

淇
水부의 8획

- **훈음**: 강이름 기
- **단어**: 淇水(기수) : 중국 하남성 임현에서 황하로 흐르는 강.
- **필순**: 丶 氵 氵 汁 汫 淇 淇

棋
木부의 8획

- **훈음**: 바둑 기
- **단어**: 棋局(기국) : 바둑판. 바둑의 판국.
  圍棋(위기) : 바둑. 바둑을 둠.
- **필순**: 十 木 杧 村 柑 椪 棋

琪
玉 부의 8획

훈음 옥 기

단어 琪樹(기수) : 옥처럼 아름다운 나무.
琪花(기화) : 옥같이 아름답고 고운 꽃.

필순 王 玗 珇 珥 琪 琪

箕
竹 부의 8획

훈음 키 기

단어 箕伯(기백) : 바람을 관장한다는 신.
箕坐(기좌) : 두 다리를 쭉 뻗고 편히 앉은 자세.

필순 ⺮ 竺 竺 筌 箕 箕 箕

騏
馬 부의 8획

훈음 털총이 기

단어 騏(기) : 검고 푸른 줄무늬가 있는 말.
騏驥(기기) : 아주 좋은 말.

필순 丆 丨 馬 馬 馬 駉 駬 騏

麒
鹿 부의 8획

훈음 기린 기

단어 麒麟(기린) : 야생 동물. 상상의 동물.
麒麟兒(기린아) : 재주와 지혜가 뛰어난 사람을 일컬음.

필순 亠 戶 庐 庐 鹿 麒 麒 麒

2급 배정한자 245

玉부의 12획

훈음 구슬 기
단어 璣衡(기형) : 천체의 운행과 위치를 관측하기 위해 지구의같이 만든 혼천의.
필순 一 T 丁 王 珡 珡 璣 璣 璣

老부의 6획

훈음 늙은이 기
단어 耆耈(기구) : 기는 60세, 구는 90세 노인.
耆老(기로) : 기는 60세, 노는 70세 노인.
필순 一 十 耂 耂 老 耆 耆

八부의 14획

훈음 바랄 기
단어 冀圖(기도) : 어떤 일을 이루기 위하여 계획을 세우거나 그것의 실현을 도모함. 또는 그 계획.
필순 一 北 꾸 꾸 꾸 冀 冀 冀

馬부의 16획

훈음 천리마 기
단어 驥足(기족) : 천리마의 발. 곧 남다른 재능을 가진 사람을 일컫는 말.
필순 馬 馬 馬 駲 駲 驥 驥

濃
水부의 13획

훈음: 짙을 농
단어:
濃液(농액) : 농도 짙은 액체.
濃縮(농축) : 즙액 등이 진하게 엉기어 바싹 졸아듦.
필순: 氵 氵 氵 氵 濃 濃 濃 濃

尿
尸부의 4획

훈음: 오줌 뇨
단어:
尿道(뇨도) : 오줌이 나오는 길.
尿血(뇨혈) : 오줌에 피가 섞여 나옴.
필순: 尸 尸 尸 尿 尿 尿

尼
尸부의 2획

훈음: 중 니
단어:
尼父(이부) : 공자(孔子)를 이르는 말.
尼僧(이승) : 여자 중.
필순: 尸 尸 尸 尸 尼

溺
水부의 10획

훈음: 빠질 닉
단어:
溺死(익사) : 물에 빠져 죽음.
溺志(익지) : 정신을 잃음. 정신을 뺏김.
필순: 氵 氵 氵 沪 沪 洅 溺 溺

2급 배정한자

湍

水부의 9획

- **훈음**: 여울 단
- **단어**: 湍流(단류) : 급하게 흐르는 여울.
  湍深(단심) : 물살이 세고 깊은 모양.
- **필순**: 丶 氵 氵 汕 泮 湍 湍

鍛

金부의 9획

- **훈음**: 쇠불릴 단
- **단어**: (단련) : 쇠붙이를 달구어 두드림. 몸과 마음을 닦음. 학문, 기예를 배우고 익힘.
- **필순**: 丿 ㅌ 全 金 釓 鈕 鈶 鍛

潭

水부의 12획

- **훈음**: 못 담
- **단어**: 潭水(담수) : 깊은 못이나 늪의 물.
  潭心(담심) : 깊은 못의 중심. 깊은 못의 바닥.
- **필순**: 氵 沪 沪 沪 渭 渭 潭 潭

膽

肉부의 13획

- **훈음**: 쓸개 담
- **단어**: 膽力(담력) : 사물을 두려워하지 않는 기력.
  膽汁(담즙) : 간장에서 분비되는 소화액.
- **필순**: 刀 月 肕 胗 胗 胗 膽 膽

塘
土부의 10획

- **훈음**: 못 당
- **단어**: 池塘(지당) : 저수지. 연못.
- **필순**: 土 圹 圹 圹 塘 塘 塘

垈
土부의 5획

- **훈음**: 터 대
- **단어**: 垈地(대지) : 집터.
- **필순**: 亻 代 代 代 垈 垈

戴
戈부의 14획

- **훈음**: 일 대
- **단어**:
  - 戴冠(대관) : 임금이 왕관을 받아씀.
  - 戴天(대천) : 하늘을 머리에 인다는 뜻. 살고 있음을 이름.
- **필순**: 十 土 吉 苗 責 責 戴 戴

悳
心부의 8획

- **훈음**: 덕 덕
- **단어**: 悳 : 德과 同字.
- **필순**: 亠 亓 直 直 悳 悳

2급 배정한자

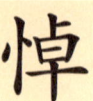

훈음 슬퍼할 도
단어 悼歌(도가) : 죽은 사람을 애도하는 노래. 장송곡.
哀悼(애도) : 사람의 죽음을 슬퍼함.
필순 丶 忄 忄 忄 怕 悼 悼

心부의 8획

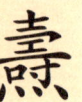

훈음 비칠, 덮을 도
단어 燾育(도육) : 덮고 감싸서 기름.
필순 十 士 耂 耂 耂 喜 壽 燾

火부의 14획

훈음 도타울 돈
단어 '敦' 자와 같은 뜻으로 쓰임.
필순 丶 忄 忄 忄 忄 惇 惇 惇

心부의 8획

훈음 불빛 돈
단어 燉煌石窟(돈황석굴) : 중국 감숙성 돈황현에 있는 불교 유적.
필순 丶 火 火 焞 焞 燉 燉

火부의 12획

250

頓
頁부의 4획

- **훈음**: 조아릴 돈
- **단어**:
  - 頓首(돈수) : 머리를 깊이 숙여 절함.
  - 頓悟(돈오) : 문득 깨달음.
- **필순**: 亡 亡 屯 頓 頓 頓 頓

乭
石부의 1획

- **훈음**: 이름 돌
- **단어**: 우리나라에서 만든 글자로, 주로 사람의 이름에 많이 쓰였음.
- **필순**: 一 厂 ア 石 石 乭

桐
木부의 6획

- **훈음**: 오동나무 동
- **단어**:
  - 桐結(동결) : 오동나무의 잔가지.
  - 桐油(동유) : 유동에서 짠 기름.
- **필순**: 十 木 木 机 桐 桐 桐 桐

棟
木부의 8획

- **훈음**: 마룻대 동
- **단어**: 棟梁之材(동량지재) : 용마루와 대들보. 집안이나 나라의 기둥이 될 만한 인재.
- **필순**: 十 木 木 柯 棟 柛 棟

2급 배정한자

董
艸부의 9획

훈음 감독할 동

단어 董督(동독) : 독려하며 감독함.
董役(동역) : 노역을 감독함.

필순 一 艹 芒 苦 菁 菁 董 董

杜
木부의 3획

훈음 막을 두

단어 杜鵑(두견) : 두견새. 소쩍새.
杜絶(두절) : 교통, 통신 등이 막히고 끊김.

필순 一 十 才 木 杧 杜

鄧
邑부의 12획

훈음 나라이름 등

단어 鄧小平(등소평) : 중국을 현대화로 개혁시킨 실권자.

필순 ㇇ 癶 癶 呇 登 登 鄧 鄧

謄
言부의 10획

훈음 베낄 등

단어 謄本(등본) : 원본을 그대로 베낀 서류.
謄寫(등사) : 베껴 씀. 등사판으로 박음.

필순 刀 月 月 朕 朕 謄 謄 謄

藤
艸부의 15획

훈음 등나무 등

단어 藤架(등가) : 등나무 덩굴을 올리는 시렁.
藤牀(등상) : 등나무로 만든 상.

필순 艹 艹 广 广 広 萨 萨 藤 藤

裸
衣부의 8획

훈음 벗을 라

단어 裸麥(나맥) : 쌀보리.
裸出(나출) : 내면이 겉으로 드러남.

필순 亠 衤 衤 衵 衵 裡 裸

洛
水부의 6획

훈음 물 락

단어 洛洛(낙락) : 물이 흘러 내리는 모양.
洛誦(낙송) : 문장을 반복하여 송독함.

필순 丶 氵 氵 汋 汶 洨 洛 洛

爛
火부의 17획

훈음 빛날 란

단어 爛漫(난만) : 꽃이 흐드러지게 핀 모양.
爛發(난발) : 꽃이 한창 만발함.

필순 火 灯 灯 炉 炉 爛 爛 爛

훈음 쪽, 누더기 람

단어 藍靑(남청) : 짙고 검푸른 빛.
藍褸(남루) : 누더기. 옷 따위가 얼룩져 지저분함.

艹부의 14획

필순 丶 丅 广 广 藍 藍 藍 藍

훈음 꺾을, 끌고갈 랍

단어 拉枯(납고) : 마른 나뭇가지 꺾듯 쉽다.
拉致(납치) : 강제로 끌고감.

手부의 5획

필순 十 才 扩 扩 拉 拉

훈음 명아주 래

단어 萊蕪(내무) : 잡초가 우거진 황무지.
萊伯(내백) : 동래부사의 다른 이름.

艹부의 8획

필순 艹 芢 芢 苂 萊 萊

훈음 수레 량

단어 車輛(차량) : 기차의 한 칸. 여러 가지 차의 총칭.

車부의 8획

필순 厂 冂 亘 車 斬 輌 輌 輛

亮
亠부의 7획

훈음 밝을 량

단어 亮直(양직) : 마음이 밝고 정직함.
亮察(양찰) : 남의 형편을 잘 이해하고 보살핌.

필순 亠 亡 亩 亮 亮 亮

樑
木부의 11획

훈음 들보 량

단어 梁의 俗字.

필순 十 才 木 札 柳 樑 樑 樑

呂
口부의 4획

훈음 음률 려

단어 呂松煙(여송연) : 필리핀에서 생산되는 독하고 향기가 짙은 담배.

필순 丶 口 マ 戸 呂 呂

廬
广부의 16획

훈음 오두막집 려

단어 廬幕(여막) : 상제가 거처하기 위해 무덤 가까이에 지어 놓은 초막.

필순 广 广 庐 庐 廎 廬 廬 廬

2급 배정한자

礪

훈음 숫돌 려

단어
礪石(여석) : 숫돌.
礪行(여행) : 행실을 닦음.

필순 厂 石 矿 矿 矿 砺 礪 礪

石부의 15획

驪

훈음 가라말 려

단어
驪歌(여가) : 송별 노래. 이별 노래.
驪馬(여마) : 털 빛이 검은 말. 가라말.

필순 厂 馬 馬 駽 駽 驪 驪 驪

馬부의 19획

漣

훈음 물결 련

단어
漣然(연연) : 눈물 흘리는 모양.

필순 氵 汀 洹 漣 漣 漣 漣

水부의 11획

煉

훈음 달굴 련

단어
煉乳(연유) : 진하게 달여 졸인 우유.
煉炭(연탄) : 석탄, 목탄 등의 가루로 만든 연료의 일종.

필순 丶 火 炂 炉 炉 煉 煉

火부의 9획

훈음 물이름 렴
단어 濂溪學派(염계학파) : 옛 중국 북송의 대유(大儒) 염계 주돈이의 학파를 이름. 정주학파.
필순 氵 汇 沪 浐 浐 濂 濂 濂

水 부의 13획

훈음 옥소리 령
단어 玲瓏(영롱) : 눈이 부시도록 찬란함. 옥이나 쇠붙이에서 나는 맑고 아름다운 소리.
필순 丅 王 王 珍 玲 玲 玲

玉 부의 5획

훈음 단술 례
단어 醴酒(예주) : 단술. 식혜. 감주.
醴泉(예천) : 단맛의 물이 솟는 샘.
필순 厂 冂 丙 酉 酉⁻ 酉豊 醴 醴

酉 부의 13획

훈음 해오라기 로
단어 白鷺(백로) : 해오라기.
필순 口 足 跫 路 路 鹭 鷺 鷺

鳥 부의 12획

2급 배정한자

盧 皿 부의 11획	훈음	**성씨, 검을 로**
	단어	盧氏(노씨) : 성씨의 하나. 盧弓盧矢(노궁노시) : 검은 칠을 한 활과 화살.
	필순	卜 广 庐 虎 庿 虜 盧 盧

盧

蘆 艸 부의 16획	훈음	**갈대 로**
	단어	蘆笛(노적) : 갈대 잎을 말아서 만든 피리.
	필순	艹 莎 芦 芦 蘆 蘆 蘆

魯 魚 부의 4획	훈음	**어리석을, 노나라 로**
	단어	魯鈍(노둔) : 어리석고 둔함. 魯國(노국) : 옛 중국의 나라 이름.
	필순	ク 刍 负 鱼 魚 魚 魯 魯

籠 竹 부의 16획	훈음	**대바구니 롱**
	단어	鳥籠(조롱) : 새장. 籠城(농성) : 어떤 목적을 위하여 자리를 지킴.
	필순	𠂉 竺 筣 筣 筣 箐 籠 籠

籠

辶부의 12획

훈음 멀 료

단어 遼遠(요원) : 멀고도 멂.
遼河(요하) : 중국에 있는 강 이름.

필순 大 大 夯 夯 尞 尞 潦 遼

疒부의 12획

훈음 고칠 료

단어 療飢(요기) : 시장기를 면할 만큼 조금 먹음.
治療(치료) : 병을 다스려 낫게 함.

필순 亠 广 疒 疒 痄 痄 療 療

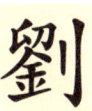

刀부의 13획

훈음 성씨 류

단어 劉氏(류씨) : 성씨의 하나.

필순 厶 卯 卯 匆 匆 劉 劉 劉

石부의 7획

훈음 유황 류

단어 硫黃(유황) : 비금속 원소의 하나. 화약, 성냥 등의 원료로 쓰임.

필순 丆 石 石 矿 矿 硫 硫

2급 배정한자

言 부의 11획

훈음 그릇될 류

단어 謬見(유견) : 잘못된 견해.
誤謬(오류) : 그릇되어 이치에 어긋남.

필순 冫 氵 言 訁 訓 誤 誤 謬 謬

言 부의 8획

훈음 산이름 륜

단어 崑崙(곤륜) : 산 이름.

필순 丶 山 屵 屵 峇 峇 崙 崙

木 부의 9획

훈음 네모질 릉

단어 楞嚴經(능엄경) : 불경의 하나.
楞角(능각) : 네모진 모양.

필순 十 木 朾 杯 椚 椚 楞 楞

鹿 부의 12획

훈음 기린 린

단어 麟角(인각) : 암기린의 뿔. 극히 희귀함을 비유하는 말.
麟孫(인손) : 남의 자손을 높여 부르는 말.

필순 广 庐 庐 鹿 鹿† 麟 麟 麟

摩
手부의 11획

훈음 문지를, 닿을 마
단어 摩擦(마찰) : 서로 닿아서 비빔.
摩天(마천) : 하늘까지 닿을 만큼 높음을 이르는 말.
필순 一 广 广 庐 府 麻 麾 摩

魔
鬼부의 11획

훈음 마귀 마
단어 魔手(마수) : 흉악한 손길.
魔術(마술) : 요술. 사람을 호리는 기술.
필순 一 广 广 麻 廃 廬 魔 魔

痲
疒부의 8획

훈음 저릴 마
단어 痲醉(마취) : 독물이나 약물로 생체가 반응할 수 없게 됨.
痲疹(마진) : 홍역. 홍진. 바이러스로 인한 전염병.
필순 一 广 疒 疒 疟 疲 痲

膜
肉부의 11획

훈음 막 막
단어 鼓膜(고막) : 척추 동물의 귓속에 있는 갓 모양의 둥글고 얇은 막. 귀청.
필순 几 月 扩 扩 肿 腊 膧 膜

2급 배정한자

娩

女부의 7획

훈음 낳을 만

단어 分娩(분만) : 아이를 낳음.
娩痛(만통) : 아이를 낳을 때의 진통.

필순 女 女 女′ 女子 娇 娩 娩

蠻

虫부의 19획

훈음 오랑캐 만

단어 蠻勇(만용) : 어리석은 용기.
蠻行(만행) : 예의에 벗어난 행동.

필순 幺 糸 紆 綕 綕 緣 䜌 蠻

灣

水부의 22획

훈음 물굽이 만

단어 港灣(항만) : 바닷가에 항구를 이룬 곳.
灣曲(만곡) : 활의 등처럼 굽은 모양.

필순 氵 氵 泮 潎 潎 潫 灣 灣

靺

革부의 5획

훈음 말갈족 말

단어 靺鞨(말갈) : 함경도 이북으로부터 만주 동북부 지방에 걸쳐 살던 퉁그스족.

필순 一 艹 苹 苹 革 革一 靬 靺

網
糸부의 8획

훈음 그물 망

단어
網紗(망사) : 그물코처럼 성기게 짠 옷감.
網羅(망라) : 물고기 잡는 그물, 새 잡는 그물. 빠짐 없이 모음.

필순 幺 幺 糸 紀 網 網 網 網

枚
木부의 4획

훈음 낱 매

단어
枚擧(매거) : 낱낱이 들어서 말함.
十枚(십매) : 낱으로 10개나 10장.

필순 一 十 木 朽 朽 枚

魅
鬼부의 5획

훈음 홀릴 매

단어
魅力(매력) : 남의 마음을 끄는 이상한 힘.
魅惑(매혹) : 호리어 현혹하게 함.

필순 ′ 宀 白 鬼 鬼 魁 魅 魅

貊
豸부의 6획

훈음 북방종족 맥

단어
穢貊(예맥) : 옛 만주족이 세운 나라 이름.

필순 ´ 孑 豸 豸 貊 貊

2급 배정한자

훈음 찾을 멱

단어 覓疵(멱자) : 흠을 찾는다는 뜻으로, 남의 결점을 애써 찾음을 이르는 말.

필순 ﾉ ﾂ ﾞ 冖 覓 覓 覓

見부의 4획

훈음 머리숙일 면

단어 俛仰(면앙) : 굽어봄과 쳐다봄.
俛焉(면언) : 부지런히 힘쓰는 모양.

필순 亻 亻ˊ 仁 仨 伊 俛

人부의 7획

훈음 면류관 면

단어 冕旒冠(면류관) : 임금이나 높은 대신이 행사 때 쓰던 관.
冕服(면복) : 임금이나 높은 대신이 행사 때 입던 옷.

필순 冂 曰 冐 冐 冕 冕 冕

冂부의 9획

훈음 물흐를 면

단어 淸沔(청면) : 맑게 흐르는 냇물. 내 이름.

필순 丶 冫 氵 汀 汅 沔 沔

水부의 4획

蔑
艸부의 11획

- **훈음**: 업신여길 멸
- **단어**:
  - 蔑視(멸시) : 업신여김. 낮추어 봄.
  - 蔑以加矣(멸이가의) : 그 위에 더할 나위가 없음.
- **필순**: 一 艹 𦭝 苗 芦 茂 蔑 蔑

矛
矛부의 0획

- **훈음**: 창 모
- **단어**:
  - 矛戈(모과) : 창. 병기.
  - 矛盾性(모순성) : 모순의 본디 성질.
- **필순**: ㄱ ㄱ 卩 予 矛

茅
艸부의 5획

- **훈음**: 띠 모
- **단어**:
  - 茅舍(모사) : 띠로 엮은 초라한 집. 자기 집을 낮춰 이름.
  - 草茅(초모) : 풀을 엮어 만든 띠.
- **필순**: 一 艹 芊 艼 茅 茅

牟
牛부의 2획

- **훈음**: 클, 탐낼 모
- **단어**:
  - 牟尼(모니) : 석가를 높여 부르는 말.
  - 牟利(모리) : 도덕과 의리는 생각하지 않고 이익만 좇음.
- **필순**: ㄥ 厶 ㄠ 牟 牟 牟

2급 배정한자

帽
巾 부의 9획

훈음 모자 모
단어 帽子(모자) : 머리에 쓰는 물건의 총칭.
　　　帽花(모화) : 어사화.
필순 冂 巾 帄 帄 帽 帽 帽

謨
言 부의 11획

훈음 꾀 모
단어 謨訓(모훈) : 국가의 대계가 될만한 가르침.
필순 亠 言 言 言 謨 謨 謨 謨

沐
水 부의 4획

훈음 목욕할 목
단어 沐浴(목욕) : 머리를 감고 더운 물에 몸을 씻는 일.
　　　沐恩(목은) : 은혜를 입음.
필순 丶 丶 氵 氵 沐 沐 沐

穆
禾 부의 11획

훈음 화목할 목
단어 穆然(목연) : 온화하고 공경스러움.
　　　和穆(화목) : 서로 뜻이 맞고 정다움.
필순 二 千 禾 禾 秱 秱 稑 穆

昴
日 부의 5획

- **훈음**: 별자리 묘
- **단어**:
- **필순**: 冂 日 므 昂 昴 昴

汶
水부의 4획

- **훈음**: 물이름 문
- **단어**: 汶汶(문문) : 불명예. 더럽힘.
- **필순**: 丶 氵 氵 汁 汶 汶

紊
糸부의 4획

- **훈음**: 얽힐 문
- **단어**: 紊亂(문란) : 도덕이나 질서 등이 어지러움.
- **필순**: 亠 亣 文 玄 紊 紊 紊

彌
弓 부의 14획

- **훈음**: 두루 미
- **단어**:
  彌勒(미륵) : 미륵불. 미륵 보살.
  彌縫(미봉) : 떨어진 곳을 꿰맴. 임시 변통으로 꾸며댐.
- **필순**: ㇇ 弓 弘 彌 彌 彌 彌 彌

2급 배정한자

玟
玉부의 4획

- **훈음**: 옥돌 민
- **단어**: 玟坯釉(민배유) : 도자기의 겉에 발라서 윤이나고 물이 스며들지 않게 하는 유약.
- **필순**: 二 f 王 王 王' 玙 玕 玟

珉
玉부의 5획

- **훈음**: 옥돌 민
- **단어**: 玟과 同字.
- **필순**: 二 f 王 王 王' 珏 珏 珉

旻
日부의 4획

- **훈음**: 하늘 민
- **단어**: 旻天(민천) : 창생을 사랑으로 돌보는 어진 하늘.
- **필순**: 冂 日 日 旦 旲 旻

閔
門부의 4획

- **훈음**: 힘쓸, 성씨 민
- **단어**: 閔凶(민흉) : 부모의 상중.
  閔氏(민씨) : 성씨의 하나.
- **필순**: ヿ ヒ ヒ' 門 門 閂 閉 閔

舶
舟부의 5획

- **훈음**: 큰배 박
- **단어**:
  - 船舶(선박) : 배의 총칭.
  - 舶賈(박고) : 외국에서 들어온 상인.
- **필순**: ′ 丿 丹 舟 舟′ 舶 舶

搬
手부의 10획

- **훈음**: 옮길 반
- **단어**:
  - 搬出(반출) : 실어 내감.
  - 搬入(반입) : 들여 옴.
- **필순**: 扌 扌′ 扪 抈 掤 搬′ 搬 搬

磻
石부의 12획

- **훈음**: 강이름 반
- **단어**: 磻溪(반계) : 태공망이 은거할 때 낚시질을 했다는 강.
- **필순**: 丆 石 石′ 矴 砰 磔 磻 磻

潘
水부의 12획

- **훈음**: 쌀뜨물 반
- **단어**: 潘楊之好(반양지호) : 고사에서 온 말로 전부터 친한 사이가 혼인으로 인하여 더 도타워짐을 이르는 말.
- **필순**: 丶 氵 汗 泙 浗 潏 潘 潘

2급 배정한자 269

渤

水부의 9획

- **훈음**: 바다이름 발
- **단어**: 渤海(발해) : 중국 산동반도와 요동반도 사이의 바다. 대조영이 고구려 유민과 만주에 세웠던 나라.
- **필순**: 丶 氵 汁 泸 浡 浡 渤 渤

鉢

金부의 5획

- **훈음**: 바리때 발
- **단어**: 鉢器(발기) : 중의 밥그릇.
- **필순**: 𠂉 ⺰ 金 針 鉢 鉢

紡

糸부의 4획

- **훈음**: 자을, 짤 방
- **단어**: 紡績(방적) : 실을 뽑는 일.
  紡織(방직) : 실을 뽑아 피륙을 짜는 일.
- **필순**: 乚 幺 糹 糸 紆 紡 紡

旁

方부의 6획

- **훈음**: 곁, 두루 방
- **단어**: '곁'의 뜻은 傍과 같이 쓰임.
  旁求(방구) : 널리 구함. 두루 구함.
- **필순**: 丶 亠 产 产 旁 旁

龐
龍부의 3획

훈음: 클 방, 찰 롱
단어:
龐眉皓髮(방미호발) : 큰 눈썹과 센 머리털.
龐龐(농롱) : 살찐 모양. 충실한 모양.
필순: 广 广 产 庐 庐 庐 龐 龐

賠
貝부의 8획

훈음: 물어줄 배
단어:
賠償(배상) : 남에게 끼친 손해에 대하여 물어줌.
損賠(손배) : 손해배상.
필순: 月 貝 貝 貝' 貝立 賠 賠

俳
人부의 8획

훈음: 광대 배
단어:
俳優(배우) : 영화나 연극 따위의 연기자.
俳廻(배회) : 여기저기 떠돌아 다님.
필순: 亻 亻 俳 俳 俳

裵
衣부의 8획

훈음: 성씨, 긴옷 배
단어:
裵氏(배씨) : 성씨의 하나.
裵裵(배배) : 옷이 긴 모양.
필순: 一 亣 丅 非 非 非 裵 裵

2급 배정한자 271

柏
木부의 5획

훈음 나무이름 백

단어 柏葉(백엽) : 잣나무의 잎.
松柏(송백) : 소나무와 잣나무.

필순 一 十 オ オ' オ' 柏 柏 柏

筏
竹부의 6획

훈음 뗏목 벌

단어 筏舫(벌방) : 뗏목.
筏夫(벌부) : 뗏목을 타고 나르는 일꾼.

필순 ノ ペ ペ 竹 竹 筏 筏 筏

閥
門부의 6획

훈음 문벌 벌

단어 閥族(벌족) : 신분이 높은 가문의 일족.
門閥(문벌) : 대를 잇는 그 집안의 사회적 신분이나 지위.

필순 𠃌 𠃌 門 門 門 閥 閥 閥

汎
水부의 3획

훈음 뜰,넓을 범

단어 汎舟(범주) : 배를 띄움. 또는 그 배.
汎愛(범애) : 차별을 두지 않고 널리 사랑함.

필순 ヽ ヽ ㇀ 氵 汎 汎

范 艹부의 5획	훈음	풀이름 범
	단어	주로 이름에 쓰임.
	필순	丶 艹 艹 艿 苬 范

范

僻 人부의 13획	훈음	후미질 벽
	단어	僻村(벽촌) : 궁벽한 마을. 僻字(벽자) : 흔히 쓰지 않는 글자.
	필순	亻 亻' 亻' 僻 僻 僻 僻 僻

僻

卞 卜부의 2획	훈음	조급할 변
	단어	卞急(변급) : 마음이 참을성이 없고 급함.
	필순	丶 一 十 卞

弁 廾부의 2획	훈음	고깔 변
	단어	弁服(변복) : 관과 옷.
	필순	弁 弁 弁 弁

炳	훈음	밝을 병
火부의 5획	단어	炳然(병연) : 빛이 비쳐 밝은 모양.
	필순	丶 火 灯 灯 炉 炳 炳

晒	훈음	밝을 병
日부의 5획	단어	
	필순	丨 冂 日 旷 昉 晒 晒

昺	훈음	밝을 병
日부의 5획	단어	昞과 同字.
	필순	冂 日 旦 昺 昺 昺

秉	훈음	잡을 병
禾부의 3획	단어	秉權(병권) : 정권을 잡음. 秉燭(병촉) : 촛불을 밝힘.
	필순	一 二 亖 尹 秉 秉

柄
木부의 3획

훈음: 자루, 권세 병
단어:
斗柄(두병) : 북두칠성 중 자루 모양의 세 별.
權柄(권병) : 권력을 잡은 신분.
필순: 一 十 才 朽 柄 柄 柄

併
人부의 6획

훈음: 아우를 병
단어:
合併(합병) : 한데 합침.
併用(병용) : 함께 아울러 씀.
필순: 亻 亻 亻 伫 併 併

甫
用부의 2획

훈음: 클 보
단어: 甫田(보전) : 큰 밭.
필순: 一 厂 万 冃 甫 甫

輔
車부의 7획

훈음: 도울 보
단어:
輔佐(보좌) : 도움.
輔弼(보필) : 윗사람의 일을 도움.
필순: 一 百 亘 車 軒 軒 輔 輔

2급 배정한자 275

潽	훈음	물이름 보
水부의 7획	단어	
	필순	丶 氵 氵 泔 浐 浐 浐 潽 潽

馥	훈음	향기 복
香부의 9획	단어	馥郁(복욱) : 풍기는 향기가 그윽함.
	필순	二 千 禾 禾 香 香 香 馥

俸	훈음	녹 봉
人부의 8획	단어	俸給(봉급) : 직무의 보수로 주는 돈. 年俸(년봉) : 일 년 동안 받는 봉급의 총액.
	필순	亻 仁 仨 仹 俟 俸 俸

蓬	훈음	쑥 봉
人부의 8획	단어	蓬艾(봉애) : 쑥. 蓬廬(봉려) : 쑥으로 지붕을 덮은 집.
	필순	艹 艹 芏 芖 苓 莑 蓬 蓬

훈음 꿰맬 봉
단어 縫合(봉합) : 꿰매어 합침.
裁縫(재봉) : 옷감으로 옷을 짓는 일.
糸부의 11획
필순 幺 糸 糹 終 絟 縫 縫 縫

훈음 언덕 부
단어 丘阜(구부) : 땅이 비탈지고 조금 높은 곳.
阜陵(부릉) : 언덕.
阜부의 0획
필순 丆 户 白 皀 阜

훈음 가마 부
단어 釜鼎器(부정기) : 부엌에서 쓰는 그릇.
金부의 2획
필순 丷 父 㕕 㕕 釜 釜

훈음 스승 부
단어 師傅(사부) : 스승.
傅佐(부좌) : 남의 도움이 됨. 남을 돕는 사람.
人부의 10획
필순 亻 伊 㑑 伸 傅 傅 傅

膚 — 살갗 부
肉부의 11획

- **단어**: 皮膚(피부) : 동물의 몸 표면을 싸고 있는 살가죽. 살갗.
  膚淺(부천) : 언행이 천박함.
- **필순**: 丶 亠 广 卢 庐 庐 庐 膚 膚

敷 — 펼 부
攵부의 11획

- **단어**: 敷設(부설) : 철도, 교량 따위를 설치함.
  敷地(부지) : 건물이나 도로를 만들기 위하여 마련한 땅.
- **필순**: 宀 甶 甫 甫 勇 尃 敷 敷

芬 — 향기 분
艸부의 4획

- **단어**: 芬芳(분방) : 좋은 냄새. 향기.
  芬芬(분분) : 향기가 높은 모양. 어지러운 모양.
- **필순**: 丶 艹 艹 艻 芬 芬

弗 — 아닐 불
弓부의 2획

- **단어**: 弗治(불치) : 명령을 어김. 또는 그 사람.
  弗貨(불화) : 달러를 단위로 하는 화폐.
- **필순**: 一 二 弓 弔 弗

	훈음	붕새 붕
鵬 鳥부의 8획	단어	鵬程(붕정) : 붕새가 날아갈 길이라는 뜻으로, '머나먼 길'을 뜻함.
	필순	刀 月 刖 朋 胛 䐀 鵬 鵬

鵬

	훈음	클 비
丕 一부의 4획	단어	丕基(비기) : 나라를 다스리는 큰 기초. 丕績 (비적) : 훌륭하게 여길 만한 큰 공적.
	필순	一 プ 不 不 丕

丕

	훈음	도울 비
 比부의 5획	단어	毘益(비익) : 도와서 이익이 되게함. 毗와 同字.
	필순	冂 田 田 毕 毘

	훈음	삼갈 비
毖 比부의 5획	단어	懲毖(징비) : 혼이나서 조심함.
	필순	ト ヒ 比 比 毕 毖 毖 毖

毖

2급 배정한자

匸부의 8획 匪

- **훈음**: 도둑 비
- **단어**: 匪賊(비적) : 떼를 지어 돌아다니며 재물을 약탈하는 도둑.
- **필순**: 一 丆 ㅋ ㅋ ㅋ 非 非 匪

彡부의 8획 彬

- **훈음**: 빛날 빈
- **단어**: 彬蔚(빈울) : 문채가 찬란함.
- **필순**: 十 才 村 林 林 彬 彬

水부의 5획 泗

- **훈음**: 물이름 사
- **단어**: 泗洙(사수) : 공자의 고향. 공자의 학문.
  涕泗 (체사) : 울어서 흐르는 눈물이나 콧물.
- **필순**: 丶 氵 氵丨 汩 泗 泗

食부의 5획 飼

- **훈음**: 먹일 사
- **단어**: 飼料(사료) : 먹이.
  飼育(사육) : 짐승을 먹여 기름.
- **필순**: 丿 𠂉 今 㒰 𩙿 飣 飣 飼

唆
口부의 7획

훈음 부추길 사

단어
敎唆(교사) : 못된 짓을 하도록 부추김.
示唆(시사) : 미리 암시하여 일러줌.

필순 丨 口 口ˊ 吟 吟 吟 唆

赦
赤부의 4획

훈음 용서할 사

단어
赦免(사면) : 죄를 용서하여 벌을 면제함.
大赦(대사) : 국가적 경사 때 죄인을 방면, 감형하는 일.

필순 十 土 夫 赤 赤ˊ 赦 赦

傘
人부의 10획

훈음 우산 산

단어
雨傘(우산) : 우비의 한 가지.

필순 人 亽 夵 夵 衾 傘 傘

酸
酉부의 7획

훈음 신맛 산

단어
酸性(산성) : 신맛이 있는 물질의 성질.
酸素(산소) : 원소 중에서 가장 많이 존재하는 원소.

필순 丆 丙 丙 酉 酉ˊ 酉ˊ 酸 酸

2급 배정한자 281

蔘

艸부의 11획

훈음: 인삼 삼
단어:
蔘圃(삼포) : 인삼을 재배하는 밭.
山蔘(산삼) : 깊은 산속에서 저절로 나서 자란 인삼.
필순: 艹 艹 艾 茇 茭 萊 蔘 蔘

插

手부의 9획

훈음: 꽂을 삽
단어:
挿入(삽입) : 사이에 끼워 넣음.
挿畵(삽화) : 내용을 보충, 이해를 돕기 위하여 넣는 그림.
필순: 亅 扌 扩 扦 挿 挿

箱

竹부의 9획

훈음: 상자 상
단어:
箱子(상자) : 나무, 대, 종이 등으로 만든 그릇.
皮箱(피상) : 가죽으로 만든 상자.
필순: 竹 笁 笁 笁 箱 箱 箱

庠

广부의 6획

훈음: 학교 상
단어:
庠序(상서) : 옛날의 학교.
필순: 亠 广 庐 庐 庠 庠

舒

舌부의 6획

- **훈음**: 펼 서
- **단어**:
  - 舒眉(서미) : 찌푸린 눈썹을 펴니, 곧 걱정하던 일이 잘됨.
  - 安舒(안서) : 마음이 편안하고 조용함.
- **필순**: 丿 亠 午 舍 舒 舒 舒

瑞

玉부의 9획

- **훈음**: 상서로울 서
- **단어**:
  - 瑞氣(서기) : 상서로운 기운.
  - 瑞光(서광) : 상서로운 빛.
- **필순**: 二 干 王 王' 珆 玞 瑞 瑞

碩

石부의 9획

- **훈음**: 클 석
- **단어**:
  - 碩學(석학) : 학식이 높은 사람.
  - 碩士(석사) : 예전에 벼슬이 없는 선비를 높여 이르던 말.
- **필순**: 丁 石 石' 砳 硕 碩 碩

晳

日부의 8획

- **훈음**: 밝을 석
- **단어**:
  - 明晳(명석) : 분명하고 똑똑함.
- **필순**: 十 木 朾 析 晳 晳

2급 배정한자

奭

大부의 12획

- **훈음**: 클 석
- **단어**: 주로 이름에 쓰임.
- **필순**: 一 大 丈 ᄾ ᄾ 奭 奭 奭

錫

金부의 8획

- **훈음**: 주석 석
- **단어**: 錫姓(석성) : 성을 내려줌.
  朱錫(주석) : 금속 원소의 하나. 은백색으로 광택이 있음.
- **필순**: ノ 𠂉 𠂉 金 釒 釦 鍚 錫

瑄

玉부의 9획

- **훈음**: 도리옥 선
- **단어**: 도리옥 : 길이 여섯치의 옥.
- **필순**: 丁 王 𤣩 𤣩 珤 珤 瑄 瑄

璇

玉부의 11획

- **훈음**: 아름다운옥 선
- **단어**: 璇塊(선괴) : 옥돌의 이름.
  璇室(선실) : 옥(玉)으로 꾸민 방.
- **필순**: 丁 王 𤣩 玗 玿 玿 璇 璇

璿

玉부의 14획

- **훈음**: 아름다운옥 선
- **단어**: 璿璣玉衡(선기옥형) : 옛날에 천체를 관측하던 기계.
- **필순**: 丁 王 王 玗 玙 琔 璿 璿

繕

糸부의 12획

- **훈음**: 기울 선
- **단어**:
  - 修繕(수선) : 낡거나 허름한 것을 고침.
  - 營繕(영선) : 건물 따위를 건축하거나 수리함.
- **필순**: 乡 幺 糸 糸 紣 紺 縫 繕

卨

卜부의 9획

- **훈음**: 사람이름 설
- **단어**: 주로 이름에 쓰임.
- **필순**: 丨 占 卢 卨 卨 卨

薛

艸부의 13획

- **훈음**: 성씨,대쑥 설
- **단어**: 薛氏(설씨) : 성씨의 하나.
- **필순**: 艹 艹 萨 萨 薛 薛 薛

2급 배정한자

陝
阜부의 7획

훈음 고을이름 섬

단어 고을 이름에 쓰임.

필순 ꓶ ꓭ ꓭ⁻ 阝⁻ 阞 陜 陝

陝

暹
日부의 12획

훈음 해돋을 섬

단어 暹羅(섬라) : 태국의 옛 이름.

필순 冂 日 尸 㠯 曰 昆 昆 暹 暹

蟾
虫부의 13획

훈음 두꺼비 섬

단어 蟾宮(섬궁) : 달 속에 있다는 궁전.
玉蟾(옥섬) : 달의 별칭.

필순 口 虫 虫⸝ 虮 蚧 蛉 蟾 蟾

蟾

纖
糸부의 17획

훈음 가늘 섬

단어 纖細(섬세) : 가냘프고 가늚.
纖維(섬유) : 가늘고 긴 실 같은 물질.

필순 幺 糸 糹 紵 絟 絟 維 纎 纖

纖

燮

火부의 13획

훈음 화할, 불꽃 섭

단어
燮理(섭리) : 음양(陰陽)을 고르게 다스림.
燮和(섭화) : 조화시켜 알맞게 함.

필순 丶 火 火⺀ 烆 焔丶 燅 燮 燮

晟

日부의 7획

훈음 밝을 성

단어 주로 이름에 쓰임.

필순 冂 日 尸 旲 晟 晟 晟

貰

貝부의 5획

훈음 세낼 세

단어
傳貰(전세) : 부동산을 일정한 기간 빌려 줌.
專貰(전세) : 돈을 미리 주고 일정한 동안 빌려 씀.

필순 一 卅 世 貰 貰 貰 貰

沼

水부의 5획

훈음 늪 소

단어
沼澤(소택) : 늪과 못.
池沼(지소) : 못과 늪.

필순 丶 氵 氵 沪 沼 沼 沼

2급 배정한자

邵
邑부의 5획

훈음 고을이름 소
단어 고을 이름에 쓰임.
필순 フ 刀 召 召 邵 邵

邵

紹
糸 부의 5획

훈음 이을 소
단어 紹介(소개) : 관계를 맺어줌. 거래를 맺도록 주선함.
紹絶(소절) : 끊어진 것을 이음.
필순 乙 幺 糸 糸 紀 紹 紹

紹

巢
巛부의 8획

훈음 새집 소
단어 巢居(소거) : 새집처럼 나무 위에 집을 얽어서 삶.
卵巢(난소) : 암컷의 생식 기관 중의 하나.
필순 巛 㐇 㟅 単 単 巣 巢

巢

宋
宀부의 4획

훈음 송나라 송
단어 宋學(송학) : 송나라 시대의 유학(儒學).
宋璟(송경) : 중국 당나라 현종 때의 재상.
필순 丶 宀 宀 宀 宋 宋

宋

洙

水부의 6획

- **훈음**: 물가 수
- **단어**: '洙水'는 공자가 태어난 지방의 강 이름.
- **필순**: 丶 氵 汁 氵 洙 洙 洙

銖

金부의 6획

- **훈음**: 무게단위 수
- **단어**: 銖兩(수량) : 적은 중량.
- **필순**: 丿 𠂉 金 釒 釒 銈 銖 銖

隋

阜부의 9획

- **훈음**: 수나라 수, 떨어질 타
- **단어**: 隋書(수서) : 수나라의 역사를 적은 책.
  隋游(타유) : 게으르고 놀기를 좋아함.
- **필순**: 阝 阝 阣 阣 阣 阣 隋 隋

洵

水부의 6획

- **훈음**: 믿을,참으로 순
- **단어**: 주로 이름에 쓰임.
- **필순**: 丶 氵 氵 洵 洵 洵

2급 배정한자

	훈음	옥이름 순
珣 玉부의 6획	**단어**	주로 이름에 쓰임.
	필순	一 = ₹ 玓 珣 珣

珣

	훈음	풀이름,사람이름 순
荀 艸부의 6획	**단어**	주로 이름에 쓰임.
	필순	⺈ ⺾ ⺾ 芍 荀 荀

荀

	훈음	방패 순
盾 目부의 4획	**단어**	盾戈(순과) : 방패와 창. 矛盾(모순) : 말이나 행동의 앞뒤가 서로 맞지 아니함.
	필순	一 厂 斤 斤 斤 盾 盾 盾

盾

	훈음	순박할 순
淳 水부의 8획	**단어**	淳朴(순박) : 거짓이나 꾸밈이 없이 순진함.
	필순	丶 氵 汸 泸 渷 浡 淳 淳

淳

舜

舛부의 6획

훈음: 순임금 순

단어:
舜英(순영) : 무궁화꽃. '미인'에 비유함.
堯舜(요순) : 중국의 요임금과 순임금. 성군(聖君)을 이름.

필순: 一 ⺍ 平 爭 爭 舜 舜

瑟

玉부의 9획

훈음: 악기이름 슬

단어:
琴瑟(금슬) : 거문고와 비파. 부부간의 애정.
鼓瑟(고슬) : 큰 거문고를 탐.

필순: T 王 玗 玨 珡 珡 瑟 瑟

升

十부의 2획

훈음: 되 승

단어:
昇과 같이 쓰임.
斗升(두승) : 말과 되. 어떤 사물을 헤아리는 기준.

필순: ノ 丿 千 升

繩

糸부의 13획

훈음: 줄 승

단어:
繩索(승삭) : 밧줄.
捕繩(포승) : 죄인을 결박하는 노끈.

필순: 幺 糸 紆 紀 絽 絅 繩 繩

2급 배정한자

柴
木부의 5획

- **훈음**: 섶나무 시
- **단어**: 柴糧(사량) : 땔나무와 양식.
  鹿柴(녹시) : 가시 울타리.
- **필순**: 丨 止 此 些 毕 柴 柴

屍
尸부의 6획

- **훈음**: 주검 시
- **단어**: 屍體(시체) : 주검. 송장.
- **필순**: ㄱ 尸 尸 尸 屌 屍 屍

軾
車부의 6획

- **훈음**: 수레앞가로나무 식
- **단어**:
- **필순**: 一 一 一 一 車 車 軒 軾 軾

殖
歹부의 8획

- **훈음**: 번성할 식
- **단어**: 繁殖(번식) : 붇고 늘어서 많이 퍼짐.
- **필순**: 一 歹 歹 歹 殖 殖 殖

湜

水부의 9획

- **훈음**: 물맑을 식
- **단어**: 주로 이름에 쓰임.
- **필순**: 丶 氵 汜 汨 浔 浔 湜 湜

紳

糸부의 5획

- **훈음**: 큰띠 신
- **단어**:
  紳士(신사) : 교양이 있으며 예의 바른 남자.
  紳笏(신홀) : 큰 띠와 홀. 문관의 치장.
- **필순**: ㄥ 幺 幺 糸 紀 絅 紳

腎

肉부의 8획

- **훈음**: 콩팥 신
- **단어**:
  腎臟(신장) : 오줌을 내보내는 기관.
  腎管(신관) : 환절동물의 배설 기관.
- **필순**: 丆 丂 臣 臤 臤 臤 腎 腎

瀋

水부의 15획

- **훈음**: 즙 심
- **단어**: 瀋陽(심양) : 중국 만주 랴오닝성(遼寧省)에 있는 도시.
- **필순**: 氵 氵 汇 浐 沜 浨 溶 瀋 瀋

2급 배정한자

握
手부의 9획

훈음 쥘 악

단어 握手(악수) : 서로 손을 내밀어 잡음.
握力(악력) : 쥐거나 잡는 힘.

필순 一 扌 扌 扩 护 捂 捏 握

閼
門부의 8획

훈음 가로막을 알

단어 閼塞(알색) : 막힘.
閼英(알영) : 신라의 시조 박혁거세의 왕비.

필순 丨 尸 門 門 門 閇 閼 閼

癌
疒부의 12획

훈음 암 암

단어 胃癌(위암) : 위장에 생기는 암종.
乳癌(유암) : 젖에 생기는 암종.

필순 亠 广 疒 疒 疸 痈 癌 癌

鴨
鳥부의 5획

훈음 오리 압

단어 黃鴨(황압) : 오리 새끼.
鴨爐(압로) : 오리알 모양으로 만든 향로.

필순 口 日 甲 甲 鸭 鴨 鴨 鴨

艾
艸부의 2획

- **훈음**: 쑥 애
- **단어**:
  - 艾葉(애엽) : 약쑥의 잎사귀.
  - 荊艾(형애) : 가시나무와 쑥, 즉 '잡초'를 이르는 말.
- **필순**: 一 十 艹 艾 艾

埃
土부의 7획

- **훈음**: 티끌 애
- **단어**:
  - 塵埃(진애) : 티끌. 먼지.
  - 埃滅(애멸) : 티끌처럼 없어짐.
- **필순**: 一 十 土 圵 圵 坂 埃 埃

碍
石부의 8획

- **훈음**: 거리낄 애
- **단어**:
  - 障碍(장애) : 거리껴 거치적거림.
  - 拘碍(구애) : 거리낌.
- **필순**: 丆 石 石⁷ 码 碍 碍 碍

倻
人부의 9획

- **훈음**: 가야 야
- **단어**:
  - 伽倻(가야) : 김수로왕의 형제들이 세운 여섯 나라를 통틀어 이르는 말.
- **필순**: 亻 亻⁷ 伒 侢 倻 倻

2급 배정한자

惹

心부의 9획

- **훈음**: 이끌 야
- **단어**:
  - 惹起(야기) : 어떤 일이나 사건 등을 일으킴.
  - 惹端(야단) : 매우 시끄럽게 일을 벌이거나 법석거림.
- **필순**: 一 艹 艹 芓 若 惹 惹 惹

襄

衣부의 11획

- **훈음**: 도울, 장사지낼 양
- **단어**:
  - 贊襄(찬양) : 도와서 성취하게 함.
  - 襄禮(양례) : 장사지내는 예절.
- **필순**: 亠 亩 衁 窀 窜 窜 裏 襄

孃

女부의 17획

- **훈음**: 아가씨 양
- **단어**:
  - 令孃(영양) : 남의 딸을 높여 부르는 말.
  - 李孃(이 양) : 이씨 성을 가진 아가씨를 이르는 말.
- **필순**: 女 女 女 女 妒 妒 嬟 嬟 孃

彦

彡부의 6획

- **훈음**: 선비 언
- **단어**:
  - 彦士(언사) : 재덕이 뛰어난 선비. 훌륭한 인물.
  - 美彦(미언) : 훌륭한 인물.
- **필순**: 亠 亍 立 产 彦 彦

衍
行 부의 3획

훈음 넘칠 연
단어 衍文(연문): 글 가운데 낀 쓸데없는 글자나 글 귀.
敷衍(부연): 알기 쉽게 자세히 넓혀서 말함.
필순 ㇈ 彳 彳 彳 衍 衍

妍
女 부의 4획

훈음 고울 연
단어 妍醜(연추): 아름다움과 추함.
필순 ㄥ 女 女 女 女 妍 妍

淵
水 부의 9획

훈음 못 연
단어 深淵(심연): 깊은 못.
淵源(연원): 사물의 근본.
필순 ㇀ 氵 氵 沪 汃 淅 淵 淵

硯
石 부의 7획

훈음 벼루 연
단어 硯石(연석): 벼룻돌.
硯滴(연적): 벼루에 쓸 물을 담아 두는 사기 그릇.
필순 厂 石 石 石 研 硯 硯 硯

2급 배정한자

閻

훈음 마을 염

단어
閻魔(염마) : 지옥의 왕, 인간의 생전의 죄를 다스린다 함.
閻閻(여염) : 백성의 살림집이 많이 모여 있는 곳.

門 부의 8획

필순 丨 冂 門 門 閃 閆 閻 閻

閻

厭

훈음 싫을 염, 덮을 엄

단어
厭世(염세) : 세상살이에 싫증이 남.
厭然(엄연) : 덮어서 숨기는 모양.

厂 부의 12획

필순 一 厂 厃 厃 厡 厭 厭 厭

燁

훈음 빛날 엽

단어
燁然(엽연) : 빛나는 모양.
燁燁(엽엽) : 기상이 뛰어나고 성함.

火 부의 12획

필순 丶 火 火 灯 焓 烽 煒 燁

燁

暎

훈음 비칠 영

단어 映과 同字.

日 부의 9획

필순 冂 日 日 旷 映 映 映 暎

298

瑛
玉부의 9획

훈음 옥빛 영
단어
필순 一 T 王 玘 玝 珨 珬 瑛 瑛

盈
皿부의 4획

훈음 찰 영
단어 盈月(영월) : 보름달. 만월(滿月).
盈德(영덕) : 경상북도 영덕군 중부에 있는 읍.
필순 ノ 乃 及 及 乃 盈 盈

芮
艸부의 4획

훈음 나라이름, 싹날 예
단어 芮芮(예예) : 풀이 나서 뾰족뾰족하게 자란 모양.
필순 丶 艹 艹 芮 芮 芮

預
頁부의 4획

훈음 미리 예
단어 預金(예금) : 금융기관에 돈을 맡김. 또는 그런 돈.
預度(예탁) 미리 헤아림.
필순 マ 予 予 预 预 預 預

2급 배정한자

目부의 9획

훈음 슬기 예
단어 睿德(예덕) : 매우 뛰어난 덕망.
睿智(예지) : 마음이 밝고 생각이 지혜로움.
필순 睿

水부의 13획

훈음 종족이름, 더러울 예
단어 汚濊(오예) : 지저분하고 더러움.
濊貊(예맥) : 한족을 이룬 예족과 맥족을 통틀어 이르는 말.
필순 濊

口부의 4획

훈음 나라이름 오
단어 吳越同舟(오월동주) : 중국 고사에서 유래한 말.
吳吟(오음) : 고향을 그리워함을 이르는 말.
필순 吳

木부의 7획

훈음 오동나무 오
단어 梧桐喪杖(오동상장) : 모친상에 짚는 오동나무 지팡이.
碧梧(벽오) : 벽오동과의 낙엽 활엽 교목.
필순 梧

墺

훈음 물가 오, 욱
단어 墺 : '오스트리아'의 약칭.

土부의 13획

필순 土 圠 圤 坷 埍 堧 塪 墺

鈺

훈음 보배 옥
단어

金부의 5획

필순 丿 仁 仐 金 釒 釕 鈺 鈺

沃

훈음 기름질 옥
단어 沃土(옥토) : 기름진 땅.
沃沃(비옥) : 땅이 걸고 기름짐.

水부의 4획

필순 丶 冫 氵 汙 汙 沃

穩

훈음 편안할 온
단어 穩健(온건) : 온당하고 건전함.
穩當(온당) : 사리에 어그러지지 않고 알맞음.

禾부의 14획

필순 二 千 禾 秂 秹 穩 穩 穩 穩

2급 배정한자 301

邕

邑부의 3획

훈음 화할 옹옹

단어 邕睦(옹목) : 화목함.

필순 〰 〰 邕 邕 邕 邕

雍

隹부의 5획

훈음 누그러질 옹

단어 雍容(옹용) : 마음이 화락하고 조용함. 온화한 얼굴.
著雍(저옹) : 고갑자에서, 천간의 다섯째.

필순 亠 亥 夂 夕 𧗟 雍 雍 雍

甕

瓦부의 13획

훈음 독 옹

단어 甕器(옹기) : 오지 그릇.
甕井(옹정) : 독우물.

필순 亠 亥 夂 雍 雍 甕 甕 甕

莞

艸부의 7획

훈음 빙그레웃을 완

단어 莞爾(완이) : 빙그레 웃는 모양.
莞島(완도) : 전라남도 완도군에 있는 읍.

필순 亠 艹 艻 莞 莞 莞

汪
水부의 4획

훈음: 넓을 왕
단어: 汪茫(왕망) : 물이 넓고 큰 모양.
汪洋(왕양) : 바다와 같이 넓고 넓은 모양.
필순: 丶 氵 汀 汪 汪

汪

旺
日부의 4획

훈음: 왕성할 왕
단어: 旺盛(왕성) : 잘되어 한창 성함.
興旺(흥왕) : 번창하고 세력이 매우 왕성함.
필순: 冂 日 旫 旺 旺

旺

倭
人부의 8획

훈음: 왜국 왜
단어: 倭國(왜국) : 옛날 일본을 달리 일컫던 이름.
倭將(왜장) : 일본 장수를 낮잡아 이르는 말.
필순: 亻 仁 仟 倈 倭 倭 倭

倭

歪
止부의 5획

훈음: 비뚤어질 왜
단어: 歪曲(왜곡) : 사실과 맞지 않게 그릇됨. 비틀려 굽어짐.
필순: 一 不 丕 歪 歪 歪 歪

歪

2급 배정한자

妖
女부의 4획

- **훈음**: 요사할 요
- **단어**:
  - 妖怪(요괴) : 요사한 귀신.
  - 妖艶(요염) : 사람을 홀릴 만큼 아름다움.
- **필순**: 夕 女 女 妖 妖 妖

姚
女부의 6획

- **훈음**: 예쁠 요
- **단어**:
  - 姚冶(요야) : 용모가 아름다움.
  - 票姚(표요) : 가볍고 빠른 모양.
- **필순**: 乁 夕 女 女 妙 姚 姚

堯
土부의 9획

- **훈음**: 요임금 요
- **단어**:
  - 堯舜(요순) : 중국 고대의 요임금과 순임금.
  - 堯堯(요요) : 산이 매우 높은 모양.
- **필순**: 十 土 キ キ 垚 垚 堯 堯

耀
羽부의 14획

- **훈음**: 빛날 요
- **단어**:
  - 耀德(요덕) : 덕을 빛나게 함.
  - 照耀(조요) : 밝게 비침.
- **필순**: 小 光 光 光 耀 耀 耀 耀

庸

人부의 11획

훈음: 품팔 용

단어:
雇傭(고용) : 삯을 받고 남의 일을 함.
傭員(용원) : 관청에 임시로 채용된 사람.

필순: 亻 亻 伫 伫 伃 伃 傭 傭

鏞

金부의 11획

훈음: 큰종 용

단어:

필순: 丿 乍 金 釒 鈩 鏞 鏞 鏞

溶

水부의 10획

훈음: 녹을 용

단어:
溶液(용액) : 한 물질이 다른 물질에 녹아 이루어진 액체.
溶解(용해) : 물질이 녹거나 물질을 녹임.

필순: 丶 氵 氵 氵 汀 沪 淡 溶 溶

瑢

玉부의 10획

훈음: 패옥소리 용

단어:

필순: 丁 王 王 𤣩 玪 玪 玪 瑢 瑢

2급 배정한자

熔
火부의 10획

훈음: 녹일 용
단어: 鎔의 속자.
필순:

熔

鎔
金부의 10획

훈음: 녹일 용
단어: 鎔鑛爐(용광로) : 쇠붙이나 광석을 녹이는 가마.
鎔接(용접) : 두 개의 금속 따위를 녹여서 붙이는 일.
필순:

鎔

佑
人부의 5획

훈음: 도울 우
단어: 天佑神助(천우신조) : 하늘과 신의 도움.
保佑(보우) : 보살펴 도와 줌.
필순:

佑

祐
示부의 5획

훈음: 도울 우
단어: 佑와 같이 쓰임.
天祐神助(천우신조) : 하늘과 신의 도움.
필순:

祐

禹

內부의 4획

- **훈음**: 우임금 우
- **단어**:
  - 禹域(우역) : 중국의 다른 이름.
  - 禹貢(우공) : 중국 구주의 고대 지리서.
- **필순**: 一 「 厂 乌 禹 禹 禹

旭

日부의 2획

- **훈음**: 아침해 욱
- **단어**: 旭日(욱일) : 아침 해.
- **필순**: 丿 九 旭 旭

郁

邑부의 6획

- **훈음**: 성할 욱
- **단어**:
  - 郁郁(욱욱) : 문물이 성하고 빛남.
  - 馥郁(복욱) : 풍기는 향기가 그윽함.
- **필순**: 丿 ナ 冇 有 有阝 郁

昱

日부의 5획

- **훈음**: 빛날 욱
- **단어**: 昱昱(욱욱) : 태양이 눈부시게 빛나는 모양.
- **필순**: 冂 日 昱 昱 昱

2급 배정한자 307

煜
火부의 9획

훈음 불꽃 욱
단어 煜煜(욱욱) : 빛나서 환함.
필순 丶 火 灯 炉 煜 煜 煜

頊
頁부의 4획

훈음 삼갈,멍할 욱
단어 頊頊(욱욱) : 멍하니 서 있는 모양.
필순 丁 王 珜 珛 珛 頊 頊 頊

芸
艸부의 4획

훈음 향초 운
단어 芸香(운향) : 향초의 하나로 책 속에 넣어서 좀을 막음.
芸窓(운창) : 글을 읽는 방.　*藝의 약자로도 쓰임.
필순 丶 十 廾 芊 芸 芸

蔚
艸부의 11획

훈음 풀이름 울
단어 蔚然(울연) : 초목이 우거진 모양. 사물이 흥성한 모양.
彬蔚(빈울) : 문채가 찬란함.
필순 丶 艹 艹 芦 芦 蔚 蔚 蔚

鬱

鬯부의 19획

- **훈음**: 답답할, 우거질 울
- **단어**:
  - 鬱寂(울적): 마음이 답답하고 쓸쓸함.
  - 鬱蒼(울창): 나무가 빽빽하게 우거짐.
- **필순**: 木 楮 楮木 楮木 鬱 鬱 鬱 鬱

熊

火부의 10획

- **훈음**: 곰 웅
- **단어**:
  - 熊膽(웅담): 곰의 쓸개.
- **필순**: 厶 台 台 育 能 能 能 熊

苑

艹부의 5획

- **훈음**: 동산 원
- **단어**:
  - 鹿苑(녹원): 사슴을 기르는 동산.
  - 藝苑(예원): 예술의 사회. 기예의 사회.
- **필순**: 一 艹 艻 苂 苑 苑

爰

爪부의 5획

- **훈음**: 이에, 늘어질 원
- **단어**:
  - 爰居(원거): 상상의 새 이름.
  - 爰爰(원원): 늘어진 모양.
- **필순**: 一 爫 爫 爭 爯 爰

媛
女부의 9획

훈음: 예쁠 원
단어: 令媛(영원) : 남의 딸에 대한 존칭.
才媛(재원) : 재주 있는 젊은 여자.
필순: 女 女 女 女 妒 妒 娉 媛

瑗
玉부의 9획

훈음: 도리옥 원
단어:
필순: 丁 王 王 王 珍 珍 瑗 瑗

韋
韋부의 0획

훈음: 가죽 위
단어: 韋編三絶(위편삼절) : 중국 고사에서 온 말로, 책을 여러 번 뒤적여 읽는다는 뜻.
필순: 丨 ㅗ 卉 查 査 韋

魏
鬼부의 8획

훈음: 나라이름, 높을 위
단어: 西魏(서위) : 중국 남북조 시대에 선비족이 세운 나라.
魏魏(위위) : 높고 큰 모양.
필순: 二 禾 委 委 魏 魏 魏 魏

	훈음	강이름 위
渭 水부의 9획	단어	渭水(위수) : 중국에 있는 강의 이름.
	필순	`丶 氵 沪 渭 渭 渭`

	훈음	벼슬 위
尉 寸부의 8획	단어	尉官(위관) : 군대의 계급으로 소위, 중위, 대위의 통칭.
	필순	`㇇ 尸 尸 尽 尿 尉 尉`

	훈음	대답할,성씨 유
俞 入부의 7획	단어	俞音(유음) : 신하의 상주(上奏)에 대한 임금의 비답(批答).
	필순	`入 𠆢 亼 介 介 俞 俞`

	훈음	느릅나무 유
楡 木부의 9획	단어	楡柳(유류) : 느릅나무와 버드나무.
	필순	`丨 十 木 朴 朴 楡 楡 楡`

2급 배정한자

足 부의 9획

훈음 넘을 유

단어 踰越(유월) : 본분을 넘음. 분에 지나침. 한도를 넘음. 법도를 넘음.

필순 口 ㅸ 足 趴 趴 跤 踚 踚 踚

广 부의 9획

훈음 곳집, 노적가리 유

단어 庾積(유적) : 노천에 쌓아둔 곡식. 노적가리.

필순 亠 广 庁 庐 庐 庾 庾

尸 부의 1획

훈음 다스릴, 성씨 윤

단어 尹氏(윤씨) : 우리나라 성씨의 하나.
判尹(판윤) : 옛날 벼슬 이름의 하나.

필순 𠃍 ⼱ ⼲ 尹

儿 부의 2획

훈음 진실로 윤

단어 允許(윤허) : 임금이 신하의 청을 허락함.
允當(윤당) : 진실로 마땅함.

필순 ㇀ 厶 ⼧ 允

鋠

金부의 4획

- **훈음**: 창 윤
- **단어**:
- **필순**: ノ 𠂉 𠂉 金 釒 鈊 鋠

胤

肉부의 5획

- **훈음**: 자손,대이을 윤
- **단어**:
  - 胤裔(윤예): 자손. 후예(後裔).
  - 胤子(윤자): 대를 이을 아들.
- **필순**: ノ 𠂉 𠂉 乍 肖 肖 胤

融

虫부의 10획

- **훈음**: 융통할,녹을 융
- **단어**:
  - 融資(융자): 자본을 융통함.
  - 融解(융해): 녹는 현상.
- **필순**: 一 𠀐 𠀐 鬲 鬲 鬲 融 融

垠

土부의 6획

- **훈음**: 끝 은
- **단어**:
  - 垠界(은계): 끝 세계.
  - 垠崖(은애): 낭떠러지. 절벽.
- **필순**: 一 十 土 圫 圫 垠 垠

2급 배정한자

殷
殳 부의 6획

훈음: 성할 은

단어:
殷雷(은뢰) : 요란한 우레 소리.
殷盛(은성) : 번화하고 성함.

필순: 丿 丿 𠂊 身 𣪕 𣪕 殷 殷

誾
言 부의 8획

훈음: 온화할 은

단어: 誾誾(은은) : 온화한 모양. 사이좋게 의논하는 모양.

필순: 丨 丨 門 門 閅 誾 誾

鷹
鳥 부의 13획

훈음: 매 응

단어:
鷹視(응시) : 매처럼 눈을 부릅뜨고 봄.
鷹犬(응견) : 사냥하는 매와 개를 아울러 이르는 말.

필순: 广 广 厂 府 雁 雁 鷹 鷹

伊
人 부의 4획

훈음: 저 이

단어:
伊藿之事(이곽지사) : 惡君을 패하고 善君을 세우는 일.
伊蘭(이란) : 인도의 전설에 나오는 나무.

필순: 丿 亻 亻 伊 伊 伊

珥
玉 부의 6획

훈음 귀걸이 이
단어 玉珥(옥이) : 옥으로 만든 귀고리.
필순 丁 𤣩 𤣩 珥 珥 珥

怡
心 부의 5획

훈음 기쁠 이
단어 怡顏(이안) : 화기를 띤 얼굴.
熙怡(희이) : 기뻐함.
필순 丶 忄 忄 忄 怡 怡

貳
貝 부의 5획

훈음 두 이
단어 貳拾(이십) : 둘의 열배 수.
貳層(이층) : 단층 위에 한층 더 올린 층.
필순 一 二 弍 弍 貳 貳 貳 貳

翊
羽 부의 5획

훈음 도울 익
단어 翊戴(익대) : 받들어 정성으로 모심.
翊成(익성) : 도와서 일을 이루게 함.
필순 亠 立 立 翊 翊 翊

2급 배정한자

刃
刀 부의 1획

훈음 칼날 인

단어 刃器(인기) : 도끼, 칼같이 날이 서 있는 기구. 또는 무기.
刃創(인창) : 칼날에 다친 흉.

필순 フ 刀 刃

佾
人 부의 6획

훈음 줄춤 일

단어 줄춤 : 제례(祭禮) 때 행렬(行列)의 수를 같이 하여 추던 춤.

필순 ノ 亻 亻 亻 佾 佾

壹
土 부의 9획

훈음 한 일

단어 壹是(일시) : 죄다. 한결같이.
壹萬(일만) : 천의 열 배수.

필순 十 士 吉 吉 喜 壹 壹

鎰
金 부의 10획

훈음 중량 일

단어 萬鎰(만일) : 많은 값.

필순 ノ 钅 金 釒 鈐 鉿 鎰 鎰

姙
女 부의 6획

- **훈음**: 아이밸 임
- **단어**:
  - 姙娠(임신) : 아이를 뱀.
  - 避姙(피임) : 인위적으로 임신을 피함 *'妊' 字와 同字.
- **필순**: ㄴ 女 女 妇 妊 妊 姙

諮
言 부의 9획

- **훈음**: 물을 자
- **단어**:
  - 諮問(자문) : 일을 처리하려고 전문가에게 의견을 물음.
  - 諮問機關(자문기관) : 집행할 일에 대하여 의견을 묻는 기관.
- **필순**: 一 言 言 言 訂 諮 諮

雌
隹 부의 5획

- **훈음**: 암컷 자
- **단어**:
  - 雌蜂(자봉) : 암벌. 곧 벌의 여왕.
  - 雌雄(자웅) : 암컷과 수컷. 강약, 우열, 승부 등을 이름.
- **필순**: 丨 十 止 此 此 此 雌 雌

滋
水 부의 9획

- **훈음**: 불을 자
- **단어**:
  - 滋養(자양) : 몸에 영양이 됨.
  - 滋甚(자심) : 더욱 심함. 매우 심함.
- **필순**: 氵 氵 氵 汃 滋 滋 滋

2급 배정한자 317

磁

石 부의 9획

훈음 자석 자

단어
磁石(자석) : 지남철.
磁針(자침) : 자장(磁場)의 방향을 재는 데 쓰는 자석.

필순 丁 石 石' 石'' 石'' 磁 磁 磁

磁

蠶

虫 부의 18획

훈음 누에 잠

단어
蠶絲(잠사) : 누에고치에서 뽑은 실.
蠶食(잠식) : 조금씩 먹어들어 감.

필순 ˉ ㄷ 歼 班 替 替 替 蠶

蠶

庄

广 부의 3획

훈음 농막 장

단어 莊의 속자.

필순 ` 亠 广 广 庄 庄

庄

璋

玉 부의 11획

훈음 홀 장

단어
弄璋(농장) : 사내아이를 낳음.
弄璋之慶(농장지경) : 아들을 낳은 즐거움.

필순 丁 王 王' 玗 琔 瑄 璋 璋

璋

獐

犬 부의 11획

- **훈음**: 노루 장
- **단어**:
  - 獐角(장각) : 노루의 굳은 뿔.
  - 獐脯(장포) : 노루고기로 만든 포.
- **필순**: 丨 犭 犭 犭 犷 猝 猝 猹 獐 獐

葬

艸 부의 9획

- **훈음**: 장사 장
- **단어**:
  - 葬禮(장례) : 장사 지내는 의식.
  - 葬地(장지) : 장사 지낼 땅.
- **필순**: 艹 艹 艿 苑 葬 葬 葬 葬

沮

水 부의 5획

- **훈음**: 막을 저
- **단어**:
  - 沮止(저지) : 막아서 그치게 함.
  - 沮害(저해) : 막고 못하게 해침.
- **필순**: 丶 氵 氵 沪 沮 沮

甸

田 부의 2획

- **훈음**: 경기 전
- **단어**:
  - 畿甸(기전) : 서울을 중심으로 한 가까운 행정 구역.
  - 甸服(전복) : 주대(周代) 도성에서 500리 이내의 땅.
- **필순**: 丿 勹 勹 甸 甸 甸 甸

2급 배정한자

汀
水 부의 2획

훈음 물가 정

단어 汀線(정선) : 해면과 해안이 맞닿은 선.
汀岸(정안) : 물가.

필순 丶 丶 氵 汀 汀

呈
口 부의 4획

훈음 드릴 정

단어 露呈(노정) : 드러내어 보임.
贈呈(증정) : 남에게 물건을 드림.

필순 丶 口 口 呈 呈 呈 呈

珽
玉 부의 7획

훈음 옥홀 정

단어 玉珽(옥정) : 옥으로 만든 홀.

필순 丅 王 珏 珏 珽 珽

艇
舟 부의 7획

훈음 작은배 정

단어 艇身(정신) : 배의 길이.
艦艇(함정) : 전함 · 잠수함 · 어뢰정 등의 총칭.

필순 刀 舟 舟 舟 艇 艇 艇 艇

偵
人부의 9획

- **훈음**: 정탐할 정
- **단어**: 偵察(정찰): 더듬어 살펴서 알아냄. 그 짓을 하는 사람.
  偵候(정후): 정탐하여 찾아냄.
- **필순**: 亻 亻 仢 侦 侦 偵 偵

楨
木부의 9획

- **훈음**: 쥐똥나무 정
- **단어**: 楨幹(정간): 나무의 으뜸이 되는 줄기. 사물의 근본.
- **필순**: 十 才 木 朴 朾 植 植 楨

禎
示부의 9획

- **훈음**: 상서로울 정
- **단어**: 禎祥(정상): 좋은 징조.
- **필순**: 二 亍 示 祀 祀 禎 禎 禎

旌
方부의 7획

- **훈음**: 깃발 정
- **단어**: 旌旗(정기): 기. 깃발.
  旌門(정문): 임금이 머무는 곳에 기를 세워 표한 문.
- **필순**: 亠 方 方 扩 斿 旌 旌

2급 배정한자

훈음 수정 정

단어 結晶(결정) : 축적된 무형물이 어떤 모양으로 나타난 것.
晶鎔體(정용체) : 두 가지 이상의 물질이 섞인 결정체.

日 부의 8획

필순 丨 日 日 日 晶 晶

훈음 솥 정

단어 鼎立(정립) : 세 사람이나 세력이 솥의 발처럼 벌여 섬.
鼎臣(정신) : 삼정승. 삼공.

鼎 부의 0획

필순 丨 月 目 月 鼎 鼎 鼎

훈음 나라 정

단어 鄭鑑錄(정감록) : 조선 중기에 유행한 예언 및 참언서.
鄭聲(정성) : 음란하고 야비한 음률.

邑 부의 12획

필순 丷 亠 兯 㐬 酋 奠 鄭 鄭

훈음 약지을 제

단어 劑熟(제숙) : 약을 잘 조제함.
藥劑(약제) : 조제한 약.

刀 부의 14획

필순 亠 亠 亣 疝 斉 斉 齊 劑

祚
示 부의 5획

훈음 복 조

단어 祚業(조업) : 왕업.
登祚(등조) : 임금의 지위에 오름.

필순 二 亍 示 礻 礻 祚 祚

曺
日 부의 6획

훈음 성씨 조

단어 우리나라에서 만든 글자.
曺氏 : 성씨의 하나.

필순 一 冂 冃 由 甶 曺 曺

措
手 부의 8획

훈음 둘 조

단어 措處(조처) : 일을 잘 정돈하여 처리함.
措置(조치) : 제기된 문제나 사태를 살펴 대책을 세움.

필순 一 十 扌 扩 拌 措 措

釣
金 부의 3획

훈음 낚시 조

단어 釣竿(조간) : 낚싯대.
釣臺(조대) : 낚시터.

필순 丿 𠂎 牟 余 金 釣 釣

2급 배정한자

彫
彡부의 8획

- **훈음**: 새길 조
- **단어**:
  - 彫刻(조각) : 글씨, 그림, 물건 따위의 형상을 새김.
  - 彫琢(조탁) : 새기고 쫌. 다듬음.
- **필순**: 刀 月 用 周 周 彫 彫

趙
走부의 7획

- **훈음**: 나라 조
- **단어**: 趙氏 : 성씨의 하나.
- **필순**: 十 土 キ 走 走 赴 趙 趙

琮
玉부의 8획

- **훈음**: 옥홀 종
- **단어**: 옥으로 된 홀.
- **필순**: 丁 王 玗 玲 玲 琤 琮

綜
糸부의 8획

- **훈음**: 모을 종
- **단어**:
  - 綜合(종합) : 여러 갈래로 나누어진 것을 한데 합함.
  - 錯綜(착종) : 이것저것이 뒤섞여 엉클어짐.
- **필순**: 乙 幺 糸 糸' 綷 綷 綜 綜

駐

馬 부의 5획

훈음 머무를 주

단어
駐屯(주둔) : 군대가 진을 치고 머묾.
駐車(주차) : 자동차 따위를 세워 둠.

필순 厂 厂 厂 馬 馬 馬 馬 駐

疇

田 부의 14획

훈음 무리 주

단어
疇輩(주배) : 같은 무리.
疇匹(주필) : 같은 종류. 동아리.

필순 冂 田 田 畦 畦 畦 疇 疇

准

冫 부의 8획

훈음 승인할 준

단어
認准(인준) : 공무원의 임명에 대한 입법부의 승인.
准將(준장) : 군의 장성급 가운데 맨 아래 계급.

필순 冫 冫 冫 准 准 准

浚

水 부의 7획

훈음 파낼 준

단어
浚渫(준설) : 강이나 댐의 밑바닥을 파내는 일.
浚井(준정) : 우물 안을 쳐냄.

필순 冫 冫 氵 氵 浐 浚 浚

2급 배정한자

埈 土 부의 7획	**훈음** 가파를 준 **단어** 峻과 同字. **필순** 十 土 圵 圠 圠 圠 埈

峻 山 부의 7획	**훈음** 높을 준 **단어** 峻嶺(준령) : 높고 험한 고개. 峻險(준험) : 산이 높고 험함. 험준(險峻). **필순** 丨 山 屵 屵 屵 峻 峻

晙 日 부의 7획	**훈음** 밝을 준 **단어** 사람 이름에 주로 쓰임. **필순** 冂 日 旷 旷 旷 晙 晙

駿 馬 부의 7획	**훈음** 준마 준 **단어** 駿馬(준마) : 잘 달리는 좋은 말. 駿足(준족) : 달리기를 잘하는 사람. **필순** 𠃍 馬 馬 馬 馬 馬 駿 駿

濬
水 부의 17획

훈음 깊을,칠 준

단어 濬水(준수) : 깊은 물.
濬川(준천) : 개천을 침. 내를 파서 쳐냄.

필순 ⺀ ⺀ ⺀ 氵 氿 浐 浐 淡 濬 濬

芝
艹 부의 4획

훈음 지초 지

단어 芝蘭(지란) : 지초와 난초.
芝草(지초) : 지칫과의 풀. 영지. 활엽수 뿌리에 나는 버섯.

필순 丶 艹 艹 艹 艹 芝 芝

址
土 부의 4획

훈음 터 지

단어 址臺(지대) : 탑이나 집채의 아랫도리에 돌로 쌓은 부분.
寺址(사지) : 절 터.

필순 一 十 土 圵 圵 圵 址 址

旨
日 부의 2획

훈음 맛있을,뜻 지

단어 甘旨(감지) : 맛 좋은 음식.
趣旨(취지) : 근본이 되는 종요로운 뜻.

필순 ⺍ 匕 匕 匕 旨 旨

2급 배정한자

脂
肉 부의 6획

- **훈음**: 기름 지
- **단어**:
  - 脂肪(지방) : 동물이나 식물에 들어 있는 기름진 물질.
  - 脂粉(지분) : 연지와 지분. 화장.
- **필순**: 冂 月 肑 肑 脂 脂 脂

稷
禾 부의 10획

- **훈음**: 기장 직
- **단어**:
  - 稷神(직신) : 곡식을 맡은 신.
  - 黍稷(서직) : 기장. 찰기장과 메기장.
- **필순**: 二 千 禾 秆 秆 稷 稷 稷

稙
禾 부의 8획

- **훈음**: 올벼 직
- **단어**:
  - 稙長(직장) : 큰며느리. 맏며느리.
  - 稙禾(직화) : 올벼. 생장이 빠른 벼.
- **필순**: 二 千 禾 秆 秆 稙 稙 稙

津
水 부의 6획

- **훈음**: 나루 진
- **단어**:
  - 津船(진선) : 나룻배.
  - 津岸(진안) : 나룻배가 닿고 떠나는 일정한 곳.
- **필순**: 氵 氵 氵 沣 津 津 津

秦
禾 부의 5획

훈음 나라 진
단어 秦鏡(진경) : 진시황의 거울.
前秦(전진) : 옛 중국 351년, 저족의 부건이 세운 나라.
필순 二 三 丰 夫 表 奉 秦 秦

秦

晉
日 부의 6획

훈음 나아갈 진
단어 晉山(진산) : 중이 새로 주지가 되는 일.
晉秩(진질) : 벼슬아치의 품계가 오름.
필순 一 厂 丙 亞 晉 晉

晉

言 부의 5획

훈음 볼 진
단어 診察(진찰) : 의사가 환자의 병을 살핌.
檢診(검진) : 병에 걸렸는지 아닌지 검사하기 위해 진찰함.
필순 二 = 言 診 診 診

診

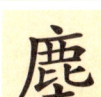
土 부의 11획

훈음 티끌 진
단어 塵埃(진애) : 티끌과 먼지.
微塵(미진) : 아주 작은 티끌.
필순 二 广 广 严 庐 鹿 塵 塵

塵

2급 배정한자

窒
穴 부의 6획

훈음 막을 질

단어 窒塞(질색) : 꽉 막힘. 매우 싫어서 깜짝 놀람.
窒息(질식) : 숨이 막힘.

필순 宀 宀 宑 窒 窒 窒

輯
車 부의 9획

훈음 모을 집

단어 編輯(편집) : 신문이나 책을 엮음.
招輯(초집) : 어떤 글에서 필요한 부분만을 간추려 모음.

필순 口 豆 車 車 軯 軯 輯 輯

遮
辶 부의 11획

훈음 막을 차

단어 遮斷(차단) : 막아 끊음. 막아서 그치게 함.
遮光(차광) : 햇빛이나 불빛을 가리개로 막아서 가림.

필순 亠 广 广 庐 庐 庶 庶 遮

餐
食 부의 7획

훈음 먹을 찬

단어 晩餐(만찬) : 저녁 식사.
朝餐(조찬) : 손님을 초대하여 함께 먹는 아침 식사.

필순 卜 夕 夕 炙 奓 奓 餐 餐

燦
火부의 13획

훈음 빛날 찬

단어
燦爛(찬란) : 눈부시게 아름다움.
燦然(찬연) : 산뜻하고 조촐함. 번쩍이며 빛남.

필순 丶 丷 火 火 炒 炒 燦 燦 燦

璨
玉부의 13획

훈음 빛날 찬

단어
璨璨(찬찬) : 번쩍번쩍 빛이 나며 아름다움.

필순 丅 王 王 珍 珍 琗 琗 璨

鑽
金부의 19획

훈음 뚫을 찬

단어
鑽燧(찬수) : 나무에 구멍을 내어 마찰해 불을 일으킴.
研鑽(연찬) : 깊이 연구함.

필순 丿 乍 金 釒 鉎 鉘 錯 鑽

瓚
玉부의 19획

훈음 옥잔 찬

단어
圭瓚(규찬) : 조선 시대에, 종묘나 문묘 따위의 나라 제사에서 강신할 때에 쓰던 술잔.

필순 王 王 珡 珡 瑲 瑲 瓚 瓚

2급 배정한자

札

木부의 1획

- **훈음**: 편지, 패 찰
- **단어**:
  - 書札(서찰) : 편지.
  - 現札(현찰) : 현금. 맞돈.
- **필순**: 一 十 才 木 札

刹

刀부의 6획

- **훈음**: 절, 짧을 찰
- **단어**:
  - 寺刹(사찰) : 절.
  - 刹那(찰나) : 극히 짧은 시간.
- **필순**: ㄨ ㄨ 쥬 쥬 利 刹

斬

斤부의 7획

- **훈음**: 벨 참
- **단어**:
  - 斬首(참수) : 목을 벰. 또는 그 머리.
  - 斬新(참신) : 지극히 새로움.
- **필순**: 冖 白 亘 車 車 斬 斬 斬

滄

水부의 10획

- **훈음**: 푸를, 찰 창
- **단어**:
  - 滄浪(창랑) : 푸른 물결.
  - 滄茫(창망) : 물이 넓고 아득함.
- **필순**: 丶 冫 氵 汋 汋 滄 滄 滄

敞

攴부의 8획

훈음 드러날 창

단어 高敞(고창) : 지대가 높고 평평함.
敞豁(창활) : 시원하게 뚫려 있음.

필순 

敞

昶

日 부의 5획

훈음 밝을 창

단어

필순 

昶

彰

彡부의 11획

훈음 밝을 창

단어 表彰(표창) : 드러내어 밝힘.
彰善(창선) : 남의 착한 일을 드러내어 표창함.

필순 

彰

采

釆부의 1획

훈음 무늬,캘 채

단어 采緞(채단) : 혼인 때 신부집으로 보내는 비단 옷감.
喝采(갈채) : 외침, 박수로 찬양이나 환영의 뜻을 나타냄.

필순 

采

埰
土부의 8획

훈음: 영지 채
단어: 埰邑(채읍) : 임금이 식읍으로 하사한 땅.
필순: 十 土 扩 坅 坅 垺 埰 埰

蔡
艸부의 11획

훈음: 나라 채
단어: 蔡倫(채륜) : 인류 최초로 종이를 발명한 사람.
蔡氏(채씨) : 성씨의 하나.
필순: 亠 艹 艻 艻 茻 荻 蔈 蔡

悽
心부의 8획

훈음: 슬퍼할 처
단어: 悽絶(처절) : 몹시 애처로움.
悽慘(처참) : 구슬프고 참혹함.
필순: 丶 忄 忄 忄 悙 悽 悽 悽

隻
隹부의 2획

훈음: 외짝 척
단어: 隻手(척수) : 한쪽 손.
隻(척) : 배를 세는 단위.
필순: 亻 广 彳 伴 佳 隼 隻

334

陟	훈음	오를 척
阜부의 7획	단어	陟岵(척호) : 시경(詩經)의 척호편에 나오는 시. 進陟(진척) : 일이 진행되어 감.
	필순	㇌ 阝 阝⺊ 阝⺊⺊ 阝⺊⺊ 阝⺊⺊⺊ 陟

陟

釧	훈음	팔찌 천
金부의 3획	단어	金釧(금천) : 금팔찌. 玉釧(옥천) : 옥으로 만든 팔찌.
	필순	亻 𠂆 金 釒 釧 釧

釧

喆	훈음	밝을 철
口부의 9획	단어	哲과 同字.
	필순	十 吉 吉 壴 喆 喆

喆

撤	훈음	거둘 철
手부의 12획	단어	撤去(철거) : 걷어 치워 버림. 撤收(철수) : 거두어들이거나 걷어 치움.
	필순	十 扌 扩 扩 护 捎 揊 撤

撤

澈

水부의 12획

- **훈음**: 맑을 철
- **단어**:
  - 澈澄(철징) : 물이 대단히 맑음.
  - 瑩澈(형철) : 지혜나 사고력 따위가 밝고 투철함.
- **필순**: 丶 氵 氵 汁 沽 洁 澈 澈

瞻

目부의 13획

- **훈음**: 볼 첨
- **단어**:
  - 瞻星臺(첨성대) : 신라시대의 천문대.
  - 瞻仰(첨앙) : 우러러봄.
- **필순**: 丨 目 目 眇 眇 瞻 瞻 瞻

諜

言부의 9획

- **훈음**: 염탐할 첩
- **단어**:
  - 諜者(첩자) : 간첩.
  - 諜報(첩보) : 적의 형편을 은밀히 정탐함. 또는 그 보고.
- **필순**: 丶 言 言 言 諜 諜 諜 諜

締

糸부의 9획

- **훈음**: 맺을 체
- **단어**:
  - 締結(체결) : 계약이나 조약을 맺음. 단단히 졸라맴.
  - 締姻(체인) : 부부의 인연을 맺음.
- **필순**: 幺 糸 紅 紵 紵 締 締

哨
口부의 7획

- **훈음**: 망볼 초
- **단어**:
  - 哨兵(초병) : 보초. 초계 임무를 띤 병사.
  - 步哨(보초) : 초소를 지키는 보병.
- **필순**: ㅁ ㅁ' ㅁ'' ㅁ''' 哨 哨 哨

焦
火부의 4획

- **훈음**: 애탈 초
- **단어**:
  - 焦思(초사) : 속을 태움.
  - 焦燥(초조) : 애를 태우며 마음을 졸임.
- **필순**: 亻 亻' 亻'' 隹 隹 焦 焦

楚
木부의 9획

- **훈음**: 회초리, 나라 초
- **단어**:
  - 苦楚(고초) : 몸이나 마음의 괴로움과 아픔.
  - 楚漢(초한) : 옛 중국의 초나라와 한나라.
- **필순**: 十 木 朴 林 ￼ ￼ ￼ 楚

蜀
虫부의 7획

- **훈음**: 나라 촉
- **단어**:
  - 蜀魄(촉백) : 두견이. 소쩍새.
  - 蜀漢(촉한) : 중국 후한 말 삼국시대 유비가 세운 나라.
- **필순**: ㄇ 罒 罒 罗 罗 蜀 蜀 蜀

2급 배정한자

崔
山부의 8획

훈음: 높을, 성씨 최
단어:
崔嵬(최외) : 산이 높고 험함.
崔氏(최씨) : 성씨의 하나.
필순: 丶 屮 岩 岸 岸 崔

楸
木부의 9획

훈음: 가래나무 추
단어:
楸下(추하) : 조상의 무덤이 있는 곳.
楸行(추행) : 조상의 묘를 찾아서 성묘하러 가는 일.
필순: 十 木 杧 杧 栐 栐 楸 楸

鄒
邑부의 10획

훈음: 나라 추
단어:
鄒魯之鄕(추로지향) : 맹자와 공자의 고향이라는 뜻으로, 예절 바르고 학문이 성한 고장을 이름.
필순: 丿 勹 匂 匐 匑 匑 匏 鄒

趨
走부의 10획

훈음: 달릴 추
단어:
趨勢(추세) : 세상이 돌아가는 형세.
歸趨(귀추) : 귀착되는 방면.
필순: 十 丰 走 赸 赹 趜 趨

338

軸
車부의 5획

훈음: 굴대 축

단어:
地軸(지축) : 지구가 자전할 때의 회전.
機軸(기축) : 기관 또는 차의 축.

필순: 冖 亘 車 軎 軸 軸 軸

蹴
足부의 12획

훈음: 찰 축

단어:
蹴球(축구) : 상대방 골문으로 골을 차 넣는 경기.
一蹴(일축) : 단번에 물리침. 한 번 참.

필순: 口 𠯣 足 𧾷 跙 踄 蹴 蹴

椿
木부의 9획

훈음: 참죽나무 춘

단어:
椿堂(춘당) : 남의 아버지를 높여 부르는 말.
椿萱(춘훤) : 춘당과 훤당.

필순: 十 木 朾 栏 㭘 椿 椿

沖
水부의 4획

훈음: 화할 충

단어:
沖氣(충기) : 하늘과 땅 사이에 잘 조화된 기운.
沖天(충천) : 하늘 높이 솟아 오름.

필순: 丶 冫 氵 沪 沖 沖

2급 배정한자

衷
衣부의 4획

훈음 속마음 충

단어 衷心(충심) : 속에서 진정으로 우러나는 마음.
苦衷(고충) : 딱하고 괴로운 심정.

필순 一 亠 宀 宙 衷 衷

炊
火부의 4획

훈음 불땔 취

단어 炊事(취사) : 부엌일.
自炊(자취) : 손수 밥을 지어 먹으면서 생활함.

필순 丶 丷 火 火 炒 炊 炊

聚
耳부의 8획

훈음 모일 취

단어 聚落(취락) : 마을. 부락.
聚黨(취당) : 목적, 의견, 행동 등을 같이 할 무리를 모음.

필순 厂 王 耳 取 取 聚 聚 聚

峙
山부의 6획

훈음 언덕 치

단어 對峙(대치) : 역량이나 세력이 서로 맞서서 버팀.

필순 丨 山 屮 屮 峙 峙 峙

雉

훈음 꿩 치

단어
雉媒(치매) : 꿩을 호려 꾀어들이는 꿩.
白雉(백치) : 꿩의 한가지로써, 몸의 빛깔이 흰 꿩을 뜻함.

필순 〃 矢 矣 矦 矦 雉 雉

隹부의 5획

託

훈음 부탁할 탁

단어
託送(탁송) : 부탁하여 물건을 보냄.
結託(결탁) : 한 패가 됨.

필순 亠 言 言 言 訁 託

言부의 3획

琢

훈음 쪼을 탁

단어
琢器(탁기) : 틀에 박아 내어 쪼아서 고르게 만든 그릇.
琢磨(탁마) : 옥석을 갈고 닦음.

필순 一 二 王 玎 玎 珡 琢 琢

玉부의 8획

灘

훈음 여울 탄

단어
灘聲(탄성) : 여울물이 흐르는 소리.
灘響(탄향) : 여울이 급히 흐르는 소리.

필순 氵 汁 浐 瀮 漢 灈 灘 灘

水부의 19획

2급 배정한자

耽
耳부의 4획

훈음 즐길 탐
단어 耽溺(탐닉) : 어떤 일을 몹시 즐겨서 거기에 빠짐.
耽讀(탐독) : 책에 온 정신을 쏟고 읽음.
필순 一 丁 耳 耽 耽 耽 耽

台
口부의 2획

훈음 별 태
단어 台安(태안) : 건강, 평안 등의 뜻으로 편지에서 쓰는 말.
台階(태계) : 삼정승(三政丞)의 지위.
필순 ㄥ ㅿ 厶 台 台

胎
肉부의 5획

훈음 아이밸 태
단어 胎兒(태아) : 임신부의 뱃속에 든 아이.
胎夢(태몽) : 잉태할 조짐을 보인 꿈.
필순 丿 刀 月 胪 胎 胎

颱
風부의 5획

훈음 태풍 태
단어 颱風(태풍) : 폭풍우를 수반한 맹렬한 열대 저기압.
필순 几 凡 凨 風 颱 颱 颱 颱

兌
几 부의 5획

훈음 바꿀 태
단어 兌管(태관) : 가마니의 곡식을 품평하기 위해 빼내는 색대.
兌換(태환) : 지폐를 정화와 바꿈.
필순 八 亻 屶 台 戶 兌

坡
土 부의 5획

훈음 고개 파
단어 坡陀(파타) : 길이 경사지고 험한 모양.
坡岸(파안) : 강 언덕.
필순 十 土 圠 圠 坡 坡

阪
阜 부의 4획

훈음 비탈 판
단어 般阪(반판) : 꾸불꾸불한 고개. 阪上走丸(판상주환) : 비탈에서 공을 굴림, 즉 세에 편승하면 쉽다는 뜻.
필순 阝 阝 阝 阝 阪 阪

覇
西 부의 13획

훈음 으뜸 패
단어 覇者(패자) : 어느 분야에서 으뜸이 되는 사람 또는 단체.
制覇(제패) : 패권을 잡음.
필순 冖 西 西 覀 覀 覂 覃 覇 覇

2급 배정한자 343

彭

彡부의 9획

훈음 성씨, 많을 팽

단어 彭祖(팽조) : 요임금의 신하로, 700년을 살았다는 선인.
彭湃(팽배) : 큰 물결이 맞부딪쳐 솟구침.

필순 十 吉 吉 壴 彭 彭

扁

戶부의 5획

훈음 작을, 현판 편

단어 扁舟(편주) : 작은 배. 조각배.
扁額(편액) : 방 안이나 대청, 마루에 가로 다는 현판.

필순 丿 戶 戶 扁 扁 扁

坪

土부의 5획

훈음 평수 평

단어 坪刈法(평예법) : 농작물의 수확을 평으로 계산하는 방법.
建坪(건평) : 건축물이 차지한 평수.

필순 一 十 土 土 圹 坪 坪

鮑

魚부의 5획

훈음 절인어물, 전복 포

단어 鮑俎(포조) : 능력 없는 사람이 높은 지위에 오른다는 말.
鮑尺(포척) : 물속에서 전복을 따서 생활하는 사람.

필순 丿 夕 угі 角 魚 魚 魚 魚 鮑 鮑

抛
手 부의 4획

훈음 던질 포

단어 抛棄(포기) : 하던 일을 중도에 그만 둠. 내던져 버림.
抛物線(포물선) : 중심점을 갖지 않는 원추 곡선.

필순 亅 扌 扌 执 抛 抛

葡
艸 부의 9획

훈음 포도 포

단어 葡萄(포도) : 포도과의 낙엽 활엽 덩굴성 나무.
葡萄酒(포도주) : 포도를 주원료로 하여 담근 술.

필순 艹 艻 芍 苟 葡 葡 葡

鋪
金 부의 7획

훈음 펼 포

단어 店鋪(점포) : 가게.
鋪道(포도) : 포장한 도로.

필순 丿 ㄎ 牟 金 釕 鋪 鋪 鋪

怖
心 부의 5획

훈음 두려워할 포

단어 恐怖(공포) : 두렵고 무서움.

필순 丶 忄 忄 忄 怖 怖

2급 배정한자

	훈음	**자루 표, 구기 작**
杓 木 부의 3획	단어	樽杓(준작) : 술병과 술잔을 통틀어 이르는 말.
	필순	一 十 才 木 朴 杓 杓

杓

	훈음	**성씨 풍, 넘을 빙**
馮 馬 부의 2획	단어	馮夷(풍이) : 물의 신, 하백의 이름. 馮河(빙하) : 강을 걸어서 건넌다는 말로, 만용을 이름.
	필순	冫 冫 冫 冯 馮 馮 馮

馮

	훈음	**개천물 필, 분비할 비**
泌 水 부의 5획	단어	泌尿器(비뇨기) : 오줌의 생성과 배설을 맡고 있는 기관. 泌丘(필구) : 세속을 피하여 조용히 은거하는 곳.
	필순	丶 冫 氵 氵 泌 泌 泌

泌

	훈음	**도울 필**
弼 弓 부의 9획	단어	弼諧(필해) : 일치 단결하여 임금을 도움. 輔弼(보필) : 윗사람의 일을 도움.
	필순	丨 弓 弓 弜 弜 弼 弼

弼

虐
虍 부의 3획

훈음 모질 학

단어
虐待(학대) : 가혹하게 대함.
虐殺(학살) : 참혹하게 죽임.

필순 卜 卜 卢 虍 虐 虐

翰
羽 부의 10획

훈음 편지, 높이날 한

단어
書翰(서한) : 편지.
翰鳥(한조) : 높이 나는 새.

필순 十 古 古 卓 乾 斡 翰 翰

艦
舟 부의 14획

훈음 싸움배 함

단어
艦隊(함대) : 바다에서 임무를 수행하는 해군의 연합 부대.
艦艇(함정) : 전투력을 가진 배의 총칭.

필순 舟 舟 舟 舟 舮 艦 艦 艦

陝
阜 부의 7획

훈음 땅이름 합, 좁을 협

단어
陝川(합천) : 해인사가 있는 경상남도의 군 이름.
陝義(협의) : 좁은 뜻.

필순 阝 阝 阝 阡 阹 陝 陝

2급 배정한자 347

亢
亠 부의 2획

훈음 높을, 목 항

단어
亢進(항진) : 위세 좋게 나아감. 기세 등이 높아짐.
亢禮(항례) : 대등하게 대하는 예의.

필순 丶 一 亠 亢

沆
水 부의 4획

훈음 이슬 항

단어 沆瀣(항해) : 한밤에 내린 이슬 기운.

필순 丶 丶 氵 氵 沪 沪 沆

杏
木 부의 3획

훈음 살구나무 행

단어
杏林(행림) : 중국 고사에서 온 말. 의원을 고상하게 이르는 말.
杏仁(행인) : 살구 씨를 한의학에서 이르는 말.

필순 十 十 木 木 杏 杏

赫
赤 부의 7획

훈음 빛날 혁

단어
赫赫之功(혁혁지공) : 빛나는 공훈.
赫怒(혁노) : 얼굴을 붉히며 버럭 성을 냄.

필순 十 士 赤 赤 赤 赫 赫 赫

爀

火 부의 14획

- **훈음**: 불빛 혁
- **단어**:
- **필순**: ` ` 火 灯 炸 炸 焃 爀 爀

峴

山 부의 7획

- **훈음**: 고개 현
- **단어**: 주로 재(고개)의 이름에 붙여 씀. 炭峴 = 숯재
- **필순**: 丨 山 山冂 屵 峴 峴

弦

弓 부의 5획

- **훈음**: 활시위 현
- **단어**:
  弦月(현월) : 반달.
  弦壺(현호) : 활등 같은 손잡이가 달린 항아리.
- **필순**: 一 ㄱ 弓 弓' 弓亠 弦 弦 弦

炫

火 부의 5획

- **훈음**: 빛날 현
- **단어**:
  炫惑(현혹) : 정신이 혼미하여 어지러움.
  炫目(현목) : 눈이 빙빙 돎.
- **필순**: ` ` 火 灯 炫 炫 炫

2급 배정한자

炯
火 부의 5획

훈음: 빛날 형

단어:
炯心(형심) : 밝고 환한 마음.
炯眼(형안) : 날카로운 눈매. 명철한 눈.

필순: 丶 火 火 炯 炯 炯

瑩
玉 부의 10획

훈음: 밝을 형, 옥빛 영

단어: 未瑩(미형) : 똑똑하지 못하고 어리석다.

필순: 丶 丷 丷 炏 炏 𤇾 𤇾 瑩 瑩

瀅
水 부의 15획

훈음: 맑을 형

단어:

필순: 氵 氵 氵 氵 氵 瀅 瀅 瀅

馨
香 부의 11획

훈음: 향기 형

단어: 馨香(형향) : 그윽한 향기.

필순: 十 士 声 声 殸 殸 磬 馨

2급 배정한자 351

扈
戶 부의 7획

훈음 뒤따를 호
단어 扈從(호종) : 높은 사람을 모시어 좇음.
跋扈(발호) : 분수를 모르고 멋대로 권세를 부림.
필순 丆 戶 戶 戽 扈 扈

扈

昊
日 부의 4획

훈음 하늘 호
단어 昊天(호천) : 하늘, 특히 서쪽 하늘.
昊天罔極(호천망극)) : 끝 없는 하늘, 어버이의 은혜를 말함.
필순 冂 日 旦 昌 昊 昊

昊

鎬
金 부의 10획

훈음 빛날 호
단어 鎬鎬(호호) : 빛나는 모양. 환한 모양.
필순 丿 ᅩ 金 鈩 鈩 鈩 鎬 鎬

鎬

濠
水 부의 14획

훈음 물이름 호
단어 外濠(외호) : 성의 둘레에 파 놓은 못.
濠洲(호주) : 오스트레일리아.
필순 丶 氵 汸 浐 浐 澟 濠 濠

濠

壕
土 부의 14획

훈음 해자 호
단어 塹壕(참호) : 보루나 포대 등의 둘레에 파 놓은 도랑.
防空壕(방공호) : 대피하기 위해 땅을 파서 만들어 놓은 시설.
필순 土 圹 垆 坮 㙮 壕 壕 壕

祜
示 부의 5획

훈음 복 호
단어 天祜(천호) : 하늘이 내려 준 복.
祜休(호휴) : 신이 내리는 행복.
필순 二 亍 丆 礻 礻 祐 祜 祜

晧
日 부의 7획

훈음 밝을 호
단어
필순 冂 日 旷 旷 昡 晧 晧

皓
白 부의 7획

훈음 흴 호
단어 皓齒(호치) : 하얀 이. 미인의 아름다운 이.
皓皓(호호) : 깨끗하게 힘. 빛이 맑고 환함.
필순 亻 白 白 白 皓 皓 皓 皓

2급 배정한자

滈	훈음	클 호
水 부의 12획	단어	浩와 同字.
	필순	氵 氿 泊 泊' 泊⺈ 泊⺊ 滈 滈

酷	훈음	독할 혹
酉 부의 7획	단어	酷毒(혹독) : 매우 나쁨. 정도가 아주 심함. 酷評(혹평) : 가혹하게 비평함.
	필순	冂 西 酉 酉⺈ 酉⺊ 酉⺿ 酷 酷

泓	훈음	물깊을 홍
水 부의 5획	단어	泓澄(홍징) : 물이 깊고 맑음. 深泓(심홍) : 깊은 못.
	필순	丶 氵 氵' 沪 沪 泓 泓

靴	훈음	가죽신발 화
革 부의 4획	단어	靴工(화공) : 구두 만드는 직공. 軍靴(군화) : 군인의 구두.
	필순	一 艹 芇 苴 革 靪 靴 靴

嬋	훈음	얼굴예쁠 선
女 부의 12획	단어	주로 여자 이름에 쓰임.
	필순	乆 女 女 女゛ 女゛゛ 女゛゛゛ 嬋 嬋

嬋

樺	훈음	자작나무 화
木 부의 12획	단어	樺榴(화류) : 결이 곱고 단단하여 건축이나 공예에 쓰임. 樺色(화색) : 붉은색을 띤 황색.
	필순	十 木 才 才゛ 木゛ 木゛ 樺 樺

樺

幻	훈음	변할 환
幺 부의 1획	단어	幻想(환상) : 현실에 없는 것을 있는 것 같이 느끼는 현상. 奇幻(기환) : 이상야릇한 변화.
	필순	ノ 幺 幺 幻

幻

桓	훈음	굳셀,머뭇거릴 환
木 부의 6획	단어	桓雄(환웅) : 단군신화에 나오는 단군의 아버지. 盤桓(반환) : 넓고 큼. 머뭇거리고 떠나지 않음.
	필순	十 木 木 桓 桓 桓

桓

2급 배정한자

煥
火 부의 9획

- **훈음**: 빛날 환
- **단어**:
  - 煥然(환연) : 빛이 나는 모양.
  - 煥乎(환호) : 빛이 나 밝음, 문장이 훌륭함.
- **필순**: ⺌ 火 火⺁ 炉 焕 煥 煥 煥

滑
水 부의 10획

- **훈음**: 미끄러질 활
- **단어**:
  - 圓滑(원활) : 모난 데 없이 원만함.
  - 狡滑(교활) : 간사한 꾀가 많음.
- **필순**: 丶 氵 氵⺈ 汩 沪 浐 滑 滑

晃
日 부의 6획

- **훈음**: 밝을 황
- **단어**:
  - 晃然大覺(황연대각) : 밝게 깨달음.
  - 晃晃(황황) : 번쩍번쩍 빛나서 밝다.
- **필순**: 冂 日 旦 旲 星 晃 晃

滉
水 부의 10획

- **훈음**: 물깊을 황
- **단어**:
  - 滉蕩(황탕) : 넓고 아득함.
- **필순**: 丶 氵 氵⺈ 汩 淠 湟 湟 滉

廴 부의 6획 廻

훈음 돌 회
단어 廻轉(회전) : 빙빙 돎.
輪廻(윤회) : 차례로 돌아감.
필순 冂 冂 回 冋 廻 廻

廻

水 부의 8획 淮

훈음 강이름 회
단어 淮南子(회남자) : 중국 전한시대 회남왕이 학자들에게 도(道)를 강론케 하여 엮은 책.
필순 丶 氵 氵 汁 汀 汼 淮 淮

木 부의 13획 檜

훈음 회나무 회
단어 檜木(회목) : 전나무. 노송나무.
檜皮(회피) : 전나무의 껍질.
필순 十 木 杴 栓 柃 栓 檜 檜

檜

口 부의 3획 后

훈음 왕후 후
단어 王后(왕후) : 임금의 아내. 왕비.
后土(후토) : 토지의 신. 토지. 국토.
필순 一 厂 广 斤 后 后

后

2급 배정한자

喉
口 부의 9획

훈음: 목구멍 후

단어:
喉頭(후두) : 호흡기의 일부.
喉舌(후설) : 중요한 곳. 목구멍과 혀를 이름.

필순: 口 口' 叫 吗 咿 唉 喉 喉

喉

熏
火 부의 10획

훈음: 불길 훈

단어:
熏煮(훈자) : 지지고 삶음.
熏風(훈풍) : 동남풍.

필순: 一 亠 亼 乕 乕 重 熏 熏

壎
土 부의 14획

훈음: 흙피리 훈

단어:
壎簫(훈소) : 흙으로 만든 피리와 대나무로 만든 퉁소.

필순: 十 土 圹 圻 垍 垾 壎 壎

壎

薰
艸 부의 14획

훈음: 향풀 훈

단어:
薰氣(훈기) : 훈훈한 기운. 세도 있는 사람의 세력.
香薰(향훈) : 꽃다운 향기.

필순: 艹 艹 苎 苎 莒 薫 薫 薰

薰

勳

力부의 14획

훈음: 공 훈

단어:
- 功勳(공훈) : 나라를 위해 세운 공로.
- 報勳(보훈) : 공훈에 보답함.

필순: 一 𠂉 𠂤 𠂤 重 熏 勳 勳

徽

彳부의 14획

훈음: 아름다울 휘

단어:
- 徽章(휘장) : 옷, 모자 등에 신분이나 명예를 나타내는 표시.
- 徽言(휘언) : 좋은 말. 아름다운 말.

필순: 夕 彳 彳 彳 徨 徨 徽 徽

烋

火부의 6획

훈음: 아름다울 휴

단어:

필순: 亻 亻 什 什 休 烋 烋

匈

勹부의 4획

훈음: 오랑캐 흉

단어:
- 匈奴(흉노) : 오랑캐 민족.
- 匈匈(흉흉) : 민심이 몹시 어지럽고 어수선함.

필순: 丿 勹 勹 匇 匈 匈

2급 배정한자 359

欽
欠 부의 8획

훈음 공경할 흠

단어
欽慕(흠모) : 기쁜 마음으로 공경하며 사모함.
欽仰(흠앙) : 공경하고 우러러 봄.

필순 ⼃ 亇 金 釒 釒 釒 欽

噫
口 부의 13획

훈음 탄식할 희, 트림할 애

단어
噫嗚(희오) : 슬피 탄식하며 마음 괴로워함.
噫欠(애흠) : 트림과 하품.

필순 口 口゛ 口゛ 喑 喑 噫 噫

姬
女 부의 6획

훈음 계집 희

단어
舞姬(무희) : 춤을 추는 여자.
美姬(미희) : 아름다운 여자.

필순 ⼥ 女 女⼁ 姬 姬 姬 姬

嬉
女 부의 12획

훈음 즐길 희

단어
嬉笑(희소) : 희롱하며 웃음.
嬉戱(희희) : 즐겁고 장난스러움.

필순 ⼥ 女 女⼀ 女⼟ 妵 姞 嬉 嬉

憙

心부의 12획

- **훈음**: 기뻐할 희
- **단어**: 憙遊(희유) : 놀이를 좋아함.
- **필순**: 十 壴 吉 青 車 喜 憙 憙

禧

示부의 12획

- **훈음**: 복 희
- **단어**: 禧年(희년) : 유태교의 풍습으로, 50년마다 오는 해방의 해.
  新禧(신희) : 새 해의 복.
- **필순**: 二 丁 示 礻 祀 祀 禧 禧

熹

火부의 12획

- **훈음**: 희미할 희
- **단어**: 熹微(희미) : 햇빛이 흐릿한 모양.
- **필순**: 十 壴 吉 青 車 喜 熹 熹

熙

火부의 9획

- **훈음**: 빛날 희
- **단어**: 熙隆(희륭) : 넓고 성함.
  熙笑(희소) : 기뻐하여 웃음.
- **필순**: 厂 厈 臣 臣 臣' 凞 熙 熙

羲

羊부의 10획

훈음: 황제이름 희

단어:
羲皇(희황) : 중국 신화에 나오는 복희씨의 존칭.
羲皇上人(희황상인) : 복희씨 이전의 아주 옛날 사람.

필순: 丷 丷 圭 羊 羑 䍩 羲 羲

부록
자의(字義) 및 어의(語義)의 변화

1. 같은 뜻을 가진 글자로 이루어진 말 (類義結合語)

歌(노래 가) - 謠(노래 요)
家(집 가) - 屋(집 옥)
覺(깨달을 각) - 悟(깨달을 오)
間(사이 간) - 隔(사이뜰 격)
居(살 거) - 住(살 주)
揭(높이들 게) - 揚(올릴 양)
堅(굳을 견) - 固(굳을 고)
雇(품팔 고) - 傭(품팔이 용)
攻(칠 공) - 擊(칠 격)
恭(공손할 공) - 敬(공경할 경)
恐(두려울 공) - 怖(두려울 포)
空(빌 공) - 虛(빌 허)
貢(바칠 공) - 獻(드릴 헌)
過(지날 과) - 去(갈 거)
具(갖출 구) - 備(갖출 비)
飢(주릴 기) - 餓(주릴 아)
技(재주 기) - 藝(재주 예)
敦(도타울 돈) - 篤(도타울 독)
勉(힘쓸 면) - 勵(힘쓸 려)
滅(멸망할 멸) - 亡(망할 망)
毛(털 모) - 髮(터럭 발)
茂(우거질 무) - 盛(성할 성)
返(돌이킬 반) - 還(돌아올 환)
法(법 법) - 典(법 전)

附(붙을 부) - 屬(붙을 속)
扶(도울 부) - 助(도울 조)
墳(무덤 분) - 墓(무덤 묘)
批(비평할 비) - 評(평론할 평)
舍(집 사) - 宅(집 택)
釋(풀 석) - 放(놓을 방)
選(가릴 선) - 擇(가릴 택)
洗(씻을 세) - 濯(빨 탁)
樹(나무 수) - 木(나무 목)
始(처음 시) - 初(처음 초)
身(몸 신) - 體(몸 체)
尋(찾을 심) - 訪(찾을 방)
哀(슬플 애) - 悼(슬퍼할 도)
念(생각할 염) - 慮(생각할 려)
要(구할 요) - 求(구할 구)
憂(근심 우) - 愁(근심 수)
怨(원망할 원) - 恨(한할 한)
隆(성할 융) - 盛(성할 성)
恩(은혜 은) - 惠(은혜 혜)
衣(옷 의) - 服(옷 복)
災(재앙 재) - 禍(재앙 화)
貯(쌓을 저) - 蓄(쌓을 축)
淨(깨끗할 정) - 潔(깨끗할 결)
精(정성 정) - 誠(정성 성)

製(지을 제) - 作(지을 작)
製(지을 제) - 造(지을 조)
終(마칠 종) - 了(마칠 료)
住(살 주) - 居(살 거)
俊(뛰어날 준) - 秀(빼어날 수)
中(가운데 중) - 央(가운데 앙)
知(알 지) - 識(알 식)
珍(보배 진) - 寶(보배 보)
進(나아갈 진) - 就(나아갈 취)
質(물을 질) - 問(물을 문)
倉(곳집 창) - 庫(곳집 고)
菜(나물 채) - 蔬(나물 소)
尺(자 척) - 度(자 도)
淸(맑을 청) - 潔(깨끗할 결)
聽(들을 청) - 聞(들을 문)
淸(맑을 청) - 淨(맑을 정)
打(칠 타) - 擊(칠 격)
討(칠 토) - 伐(칠 벌)
鬪(싸움 투) - 爭(다툴 쟁)
畢(마칠 필) - 竟(마침내 경)
寒(찰 한) - 冷(찰 냉)
恒(항상 항) - 常(항상 상)
和(화할 화) - 睦(화목할 목)
歡(기쁠 환) - 喜(기쁠 희)

皇(임금 황) - 帝(임금 제)   希(바랄 희) - 望(바랄 망)

2. 반대의 뜻을 가진 글자로 이루어진 말 (反義結合語)

加(더할 가)↔減(덜 감)　　　　來(올 래)↔往(갈 왕)　　　　始(비로소 시)↔終(마칠 종)
可(옳을 가)↔否(아닐 부)　　　冷(찰 랭)↔溫(따뜻할 온)　　始(비로소 시)↔末(끝 말)
干(방패 간)↔戈(창 과)　　　　矛(창 모)↔盾(방패 순)　　　新(새 신)↔舊(옛 구)
强(강할 강)↔弱(약할 약)　　　問(물을 문)↔答(답할 답)　　伸(펼 신)↔縮(오그라들 축)
開(열 개)↔閉(닫을 폐)　　　　賣(팔 매)↔買(살 매)　　　　深(깊을 심)↔淺(얕을 천)
去(갈 거)↔來(올 래)　　　　　明(밝을 명)↔暗(어두울 암)　安(편안할 안)↔危(위태할 위)
輕(가벼울 경)↔重(무거울 중)　美(아름다울 미)↔醜(추할 추)愛(사랑 애)↔憎(미워할 증)
慶(경사 경)↔弔(조상할 조)　　腹(배 복)↔背(등 배)　　　　哀(슬플 애)↔歡(기뻐할 환)
經(날 경)↔緯(씨 위)　　　　　夫(지아비 부)↔妻(아내 처)　抑(누를 억)↔揚(들날릴 양)
乾(하늘 건)↔坤(땅 곤)　　　　浮(뜰 부)↔沈(잠길 침)　　　榮(영화 영)↔辱(욕될 욕)
姑(시어미 고)↔婦(며느리 부)　貧(가난할 빈)↔富(넉넉할 부)緩(느릴 완)↔急(급할 급)
苦(괴로울 고)↔樂(즐거울 락)　死(죽을 사)↔活(살 활)　　　往(갈 왕)↔復(돌아올 복)
高(높을 고)↔低(낮을 저)　　　盛(성할 성)↔衰(쇠잔할 쇠)　優(넉넉할 우)↔劣(용렬할 렬)
功(공 공)↔過(허물 과)　　　　成(이룰 성)↔敗(패할 패)　　恩(은혜 은)↔怨(원망할 원)
攻(칠 공)↔防(막을 방)　　　　善(착할 선)↔惡(악할 악)　　陰(그늘 음)↔陽(볕 양)
近(가까울 근)↔遠(멀 원)　　　損(덜 손)↔益(더할 익)　　　離(떠날 리)↔合(합할 합)
吉(길할 길)↔凶(흉할 흉)　　　送(보낼 송)↔迎(맞을 영)　　隱(숨을 은)↔現(나타날 현)
難(어려울 난)↔易(쉬울 이)　　疎(드물 소)↔密(빽빽할 밀)　任(맡길 임)↔免(면할 면)
濃(짙을 농)↔淡(엷을 담)　　　需(쓸 수)↔給(줄 급)　　　　雌(암컷 자)↔雄(수컷 웅)
斷(끊을 단)↔續(이을 속)　　　首(머리 수)↔尾(꼬리 미)　　早(이를 조)↔晩(늦을 만)
當(마땅 당)↔落(떨어질 락)　　受(받을 수)↔授(줄 수)　　　朝(아침 조)↔夕(저녁 석)
貸(빌릴 대)↔借(빌려줄 차)　　昇(오를 승)↔降(내릴 강)　　尊(높을 존)↔卑(낮을 비)
得(얻을 득)↔失(잃을 실)　　　勝(이길 승)↔敗(패할 패)　　主(주인 주)↔從(따를 종)

眞(참 진) ↔ 僞(거짓 위)   出(날 출) ↔ 納(들일 납)   虛(빌 허) ↔ 實(열매 실)
增(더할 증) ↔ 減(덜 감)   親(친할 친) ↔ 疎(성길 소)   厚(두터울 후) ↔ 薄(엷을 박)
集(모을 집) ↔ 散(흩을 산)   表(겉 표) ↔ 裏(속 리)   喜(기쁠 희) ↔ 悲(슬플 비)
添(더할 첨) ↔ 削(깎을 삭)   寒(찰 한) ↔ 暖(따뜻할 난)
淸(맑을 청) ↔ 濁(흐릴 탁)   禍(재화 화) ↔ 福(복 복)

3. 서로 상반 되는 말 (相對語)

可決(가결) ↔ 否決(부결)   儉約(검약) ↔ 浪費(낭비)   急性(급성) ↔ 慢性(만성)
架空(가공) ↔ 實際(실제)   輕減(경감) ↔ 加重(가중)   急行(급행) ↔ 緩行(완행)
假象(가상) ↔ 實在(실재)   經度(경도) ↔ 緯度(위도)   肯定(긍정) ↔ 否定(부정)
加熱(가열) ↔ 冷却(냉각)   輕率(경솔) ↔ 愼重(신중)   旣決(기결) ↔ 未決(미결)
干涉(간섭) ↔ 放任(방임)   輕視(경시) ↔ 重視(중시)   奇拔(기발) ↔ 平凡(평범)
減少(감소) ↔ 增加(증가)   高雅(고아) ↔ 卑俗(비속)   飢餓(기아) ↔ 飽食(포식)
感情(감정) ↔ 理性(이성)   固定(고정) ↔ 流動(유동)   吉兆(길조) ↔ 凶兆(흉조)
剛健(강건) ↔ 柔弱(유약)   高調(고조) ↔ 低調(저조)   樂觀(낙관) ↔ 悲觀(비관)
强硬(강경) ↔ 柔和(유화)   供給(공급) ↔ 需要(수요)   落第(낙제) ↔ 及第(급제)
開放(개방) ↔ 閉鎖(폐쇄)   空想(공상) ↔ 現實(현실)   樂天(낙천) ↔ 厭世(염세)
個別(개별) ↔ 全體(전체)   過激(과격) ↔ 穩健(온건)   暖流(난류) ↔ 寒流(한류)
客觀(객관) ↔ 主觀(주관)   官尊(관존) ↔ 民卑(민비)   濫用(남용) ↔ 節約(절약)
客體(객체) ↔ 主體(주체)   光明(광명) ↔ 暗黑(암흑)   朗讀(낭독) ↔ 默讀(묵독)
巨大(거대) ↔ 微少(미소)   巧妙(교묘) ↔ 拙劣(졸렬)   內容(내용) ↔ 形式(형식)
巨富(거부) ↔ 極貧(극빈)   拘禁(구금) ↔ 釋放(석방)   老練(노련) ↔ 未熟(미숙)
拒絶(거절) ↔ 承諾(승락)   拘束(구속) ↔ 放免(방면)   濃厚(농후) ↔ 稀薄(희박)
建設(건설) ↔ 破壞(파괴)   求心(구심) ↔ 遠心(원심)   能動(능동) ↔ 被動(피동)
乾燥(건조) ↔ 濕潤(습윤)   屈服(굴복) ↔ 抵抗(저항)   多元(다원) ↔ 一元(일원)
傑作(걸작) ↔ 拙作(졸작)   權利(권리) ↔ 義務(의무)   單純(단순) ↔ 複雜(복잡)

單式(단식) ↔ 複式(복식)	非凡(비범) ↔ 平凡(평범)	自動(자동) ↔ 手動(수동)
短縮(단축) ↔ 延長(연장)	悲哀(비애) ↔ 歡喜(환희)	自律(자율) ↔ 他律(타율)
大乘(대승) ↔ 小乘(소승)	死後(사후) ↔ 生前(생전)	自意(자의) ↔ 他意(타의)
對話(대화) ↔ 獨白(독백)	削減(삭감) ↔ 添加(첨가)	敵對(적대) ↔ 友好(우호)
都心(도심) ↔ 郊外(교외)	散文(산문) ↔ 韻文(운문)	絕對(절대) ↔ 相對(상대)
獨創(독창) ↔ 模倣(모방)	相剋(상극) ↔ 相生(상생)	漸進(점진) ↔ 急進(급진)
滅亡(멸망) ↔ 興隆(흥륭)	常例(상례) ↔ 特例(특례)	靜肅(정숙) ↔ 騷亂(소란)
名譽(명예) ↔ 恥辱(치욕)	喪失(상실) ↔ 獲得(획득)	正午(정오) ↔ 子正(자정)
無能(무능) ↔ 有能(유능)	詳述(상술) ↔ 略述(약술)	定着(정착) ↔ 漂流(표류)
物質(물질) ↔ 精神(정신)	生食(생식) ↔ 火食(화식)	弔客(조객) ↔ 賀客(하객)
密集(밀집) ↔ 散在(산재)	先天(선천) ↔ 後天(후천)	直系(직계) ↔ 傍系(방계)
反抗(반항) ↔ 服從(복종)	成熟(성숙) ↔ 未熟(미숙)	眞實(진실) ↔ 虛僞(허위)
放心(방심) ↔ 操心(조심)	消極(소극) ↔ 積極(적극)	質疑(질의) ↔ 應答(응답)
背恩(배은) ↔ 報恩(보은)	所得(소득) ↔ 損失(손실)	斬新(참신) ↔ 陣腐(진부)
凡人(범인) ↔ 超人(초인)	疎遠(소원) ↔ 親近(친근)	縮小(축소) ↔ 擴大(확대)
別居(별거) ↔ 同居(동거)	淑女(숙녀) ↔ 紳士(신사)	快樂(쾌락) ↔ 苦痛(고통)
保守(보수) ↔ 進步(진보)	順行(순행) ↔ 逆行(역행)	快勝(쾌승) ↔ 慘敗(참패)
本業(본업) ↔ 副業(부업)	靈魂(영혼) ↔ 肉體(육체)	好況(호황) ↔ 不況(불황)
富裕(부유) ↔ 貧窮(빈궁)	憂鬱(우울) ↔ 明朗(명랑)	退化(퇴화) ↔ 進化(진화)
不實(부실) ↔ 充實(충실)	連敗(연패) ↔ 連勝(연승)	敗北(패배) ↔ 勝利(승리)
敷衍(부연) ↔ 省略(생략)	偶然(우연) ↔ 必然(필연)	虐待(학대) ↔ 優待(우대)
否認(부인) ↔ 是認(시인)	恩惠(은혜) ↔ 怨恨(원한)	合法(합법) ↔ 違法(위법)
分析(분석) ↔ 綜合(종합)	依他(의타) ↔ 自立(자립)	好材(호재) ↔ 惡材(악재)
紛爭(분쟁) ↔ 和解(화해)	人爲(인위) ↔ 自然(자연)	好轉(호전) ↔ 逆轉(역전)
不運(불운) ↔ 幸運(행운)	立體(입체) ↔ 平面(평면)	興奮(흥분) ↔ 鎭靜(진정)
非番(비번) ↔ 當番(당번)	入港(입항) ↔ 出港(출항)	

4. 같은 뜻과 비슷한 뜻을 가진 말 (同義語, 類義語)

巨商(거상) - 大商(대상)
謙遜(겸손) - 謙虛(겸허)
共鳴(공명) - 首肯(수긍)
古刹(고찰) - 古寺(고사)
交涉(교섭) - 折衝(절충)
飢死(기사) - 餓死(아사)
落心(낙심) - 落膽(낙담)
妄想(망상) - 夢想(몽상)
謀陷(모함) - 中傷(중상)
矛盾(모순) - 撞着(당착)
背恩(배은) - 亡德(망덕)
寺院(사원) - 寺刹(사찰)
象徵(상징) - 表象(표상)
書簡(서간) - 書翰(서한)
視野(시야) - 眼界(안계)
淳朴(순박) - 素朴(소박)
始祖(시조) - 鼻祖(비조)
威脅(위협) - 脅迫(협박)
一毫(일호) - 秋毫(추호)
要請(요청) - 要求(요구)
精誠(정성) - 至誠(지성)
才能(재능) - 才幹(재간)
嫡出(적출) - 嫡子(적자)
朝廷(조정) - 政府(정부)

學費(학비) - 學資(학자)
土臺(토대) - 基礎(기초)
答書(답서) - 答狀(답장)
瞑想(명상) - 思想(사상)
侮蔑(모멸) - 凌蔑(능멸)
莫論(막론) - 勿論(물론)
貿易(무역) - 交易(교역)
放浪(방랑) - 流浪(유랑)
符合(부합) - 一致(일치)
昭詳(소상) - 仔細(자세)
順從(순종) - 服從(복종)
兵營(병영) - 兵舍(병사)
上旬(상순) - 初旬(초순)
永眠(영면) - 別世(별세)
戰歿(전몰) - 戰死(전사)
周旋(주선) - 斡旋(알선)
弱點(약점) - 短點(단점)
類似(유사) - 恰似(흡사)
天地(천지) - 乾坤(건곤)
滯留(체류) - 滯在(체재)
招待(초대) - 招請(초청)
祭需(제수) - 祭物(제물)
造花(조화) - 假花(가화)
他鄕(타향) - 他官(타관)

海外(해외) - 異域(이역)
畢竟(필경) - 結局(결국)
戱弄(희롱) - 籠絡(농락)
寸土(촌토) - 尺土(척토)
煩悶(번민) - 煩惱(번뇌)
先考(선고) - 先親(선친)
同窓(동창) - 同門(동문)
目睹(목도) - 目擊(목격)
思考(사고) - 思惟(사유)
觀點(관점) - 見解(견해)
矜持(긍지) - 自負(자부)
丹靑(단청) - 彩色(채색)

5. 음은 같고 뜻이 다른 말 (同音異義語)

가계
- 家系 : 한 집안의 계통.
- 家計 : 살림살이.

가구
- 家口 : 주거와 생계 단위.
- 家具 : 살림에 쓰이는 세간.

가사
- 歌詞 : 노랫말.
- 歌辭 : 조선시대에 성행했던 시가(詩歌)의 형태.
- 家事 : 집안 일.
- 假死 : 죽음에 가까운 상태.
- 袈裟 : 승려가 입는 승복.

가설
- 假設 : 임시로 설치함.
- 假說 : 가정해서 하는 말.

가장
- 家長 : 집안의 어른.
- 假裝 : 가면으로 꾸밈.
- 假葬 : 임시로 만든 무덤.

감상
- 感想 : 마음에 느끼어 일어나는 생각.
- 鑑賞 : 예술 작품 따위를 이해하고 음미함.
- 感傷 : 마음에 느껴 슬퍼함.

개량
- 改良 : 고쳐서 좋게 함.
- 改量 : 다시 측정함.

개정
- 改定 : 고쳐서 다시 정함.
- 改正 : 바르게 고침.
- 改訂 : 고쳐서 정정함

결의
- 決議 : 의안이나 의제 등의 가부를 회의에서 결정함.
- 決意 : 뜻을 정하여 굳게 마음 먹음.
- 結義 : 남남끼리 친족의 의리를 맺음.

경계	警戒 : 범죄나 사고 등이 일어나지 않도록 미리 조심함. 敬啓 : '삼가 말씀 드립니다'의 뜻. 境界 : 지역이 나누어지는 한계.
경기	競技 : 운동이나 무예 등의 기술, 능력을 겨루어 승부를 가림. 京畿 : 서울을 중심으로 한 가까운 지방. 景氣 : 기업을 중심으로 한 여러 가지 경제의 상태.
경비	警備 : 경계하고 지킴. 經費 : 일을 처리하는데 드는 비용.
경로	經路 : 일이 되어 가는 형편이나 순서. 敬老 : 노인을 공경함.
공론	公論 : 공평한 의론. 空論 : 쓸데없는 의론.
공약	公約 : 공중(公衆)에 대한 약속. 空約 : 헛된 약속.
과정	過程 : 일이 되어가는 경로. 課程 : 과업의 정도. 학년의 정도에 따른 과목.
교감	校監 : 학교장을 보좌하여 학교 업무를 감독하는 직책. 交感 : 서로 접촉하여 감응함. 矯監 : 교도관 계급의 하나.
교단	校壇 : 학교의 운동장에 만들어 놓은 단. 敎壇 : 교실에서 교사가 강의할 때 올라서는 단. 敎團 : 같은 교의(敎義)를 믿는 사람끼리 모여 만든 종교 단체.
교정	校訂 : 출판물의 잘못된 글자나 어구 따위를 바르게 고침. 校正 : 잘못된 글자를 대조하여 바로잡음. 校庭 : 학교 운동장. 矯正 : 좋지 않은 버릇이나 결점 따위를 바로 잡아 고침.
구전	口傳 : 입으로 전하여 짐. 말로 전해 내려옴. 口錢 : 흥정을 붙여주고 그 보수로 받는 돈.

구조 { 救助 : 위험한 상태에 있는 사람을 도와서 구원함.
       構造 : 어떤 물건이나 조직체 따위의 전체를 이루는 관계.

구호 { 救護 : 어려운 사람을 보호함.
       口號 : 대중집회나 시위 등에서 어떤 주장이나 요구를 나타내는 짧은 문구.

귀중 { 貴中 : 편지를 받을 단체의 이름 뒤에 쓰이는 높임말.
       貴重 : 매우 소중함.

금수 { 禽獸 : 날짐승과 길짐승.
       禁輸 : 수출이나 수입을 금지함.
       錦繡 : 수놓은 비단.

급수 { 給水 : 물을 공급함.
       級數 : 기술의 우열을 가르는 등급.

기능 { 技能 : 기술상의 재능.
       機能 : 작용, 또는 어떠한 기관의 활동 능력.

기사 { 技士 : 기술직의 이름.
       棋士 : 바둑을 전문적으로 두는 사람.
       騎士 : 말을 탄 무사.
       記事 : 사실을 적음. 신문이나 잡지 등에 어떤 사실을 실어 알리는 일.
       記寫 : 기록하여 씀.

기수 { 旗手 : 단체 행진 중에서 표시가 되는 깃발을 든 사람.
       騎手 : 말을 타는 사람.
       機首 : 비행기의 앞머리.

기원 { 紀元 : 역사상으로 연대를 계산할 때에 기준이 되는 첫 해. 나라를 세운 첫 해.
       祈願 : 소원이 이루어지기를 빎.
       起源 : 사물이 생긴 근원.
       棋院 : 바둑을 두려는 사람에게 장소를 제공하는 업소.

노력 { 勞力 : 어떤 일을 하는데 드는 힘. 생산에 드는 인력(人力).
       努力 : 어떤 일을 이루기 위하여 힘을 다하여 애씀.

- 노장
  - 老壯 : 늙은이와 장년.
  - 老莊 : 노자와 장자.
  - 老將 : 늙은 장수. 오랜 경험으로 뛰어난 능력을 가진 사람.

- 녹음
  - 綠陰 : 푸른 잎이 우거진 나무 그늘.
  - 錄音 : 소리를 재생할 수 있도록 기계로 기록하는 일.

- 단절
  - 斷絕 : 관계를 끊음.
  - 斷切 : 꺾음. 부러뜨림.

- 단정
  - 端整 : 깔끔하고 가지런함. 얼굴 모습이 반듯하고 아름다움.
  - 斷情 : 정을 끊음.
  - 斷定 : 분명한 태도로 결정함. 명확하게 판단을 내림.

- 단편
  - 短篇 : 소설이나 영화 등에서 길이가 짧은 작품.
  - 斷片 : 여럿으로 끊어진 조각.
  - 斷編 : 조각조각 따로 떨어진 짧은 글.

- 동지
  - 冬至 : 24절기의 하나.
  - 同志 : 뜻을 같이 하는 일. 또는 그런 사람.

- 동정
  - 動靜 : 움직임과 조용함.
  - 童貞 : 이성과의 성적 관계가 아직 없는 순결성 또는 사람. 가톨릭에서 '수도자'를 일컫는 말.
  - 同情 : 남의 불행이나 슬픔 따위를 자기 일처럼 생각하여 가슴 아파함.

- 발전
  - 發展 : 세력 따위가 널리 뻗어 나감.
  - 發電 : 전기를 일으킴.

- 방문
  - 訪問 : 남을 찾아봄.
  - 房門 : 방으로 드나드는 문.

- 방화
  - 防火 : 불이 나지 않도록 미리 단속함.
  - 放火 : 일부러 불을 지름.
  - 邦畵 : 우리 나라 영화.
  - 邦貨 : 우리 나라 화폐.

- 보고
  - 寶庫 : 귀중한 것이 갈무리되어 있는 곳.
  - 報告 : 결과나 내용을 알림.

보도
- 步道 : 사람이 다니는 길.
- 報道 : 신문이나 방송으로 새 소식을 널리 알림.
- 寶刀 : 보배로운 칼.

부인
- 婦人 : 기혼 여자.
- 夫人 : 남의 아내를 높이어 이르는 말.
- 否認 : 인정하지 않음.

부정
- 否定 : 그렇지 않다고 단정함.
- 不正 : 바르지 못함.
- 不貞 : 여자가 정조를 지키지 않음.
- 不淨 : 깨끗하지 못함.

비행
- 非行 : 도리나 도덕 또는 법규에 어긋나는 행위.
- 飛行 : 항공기 따위의 물체가 하늘을 날아다님.

비명
- 碑銘 : 비(碑)에 새긴 글.
- 悲鳴 : 몹시 놀라거나 괴롭거나 다급할 때에 지르는 외마디 소리.
- 非命 : 제 목숨대로 살지 못함.

비보
- 飛報 : 급한 통지.
- 悲報 : 슬픈 소식.

사고
- 思考 : 생각하고 궁리함.
- 事故 : 뜻밖에 잘못 일어나거나 저절로 일어난 사건이나 탈.
- 四苦 : 불교에서, 사람이 한 평생을 살면서 겪는 생(生), 노(老), 병(病), 사(死)의 네 가지 괴로움을 이르는 말.
- 史庫 : 조선 시대 때, 역사 기록이나 중요한 서적을 보관하던 정부의 곳집.
- 社告 : 회사에서 내는 광고.

사상
- 史上 : 역사상.
- 死傷 : 죽음과 다침.
- 事象 : 어떤 사정 밑에서 일어나는 사건이나 사실.
- 思想 : 생각이나 의견. 사고 작용으로 얻은 체계적 의식 내용.

사서
- 辭書 : 사전.
- 四書 : 유교 경전인 논어(論語), 맹자(孟子), 대학(大學), 중용(中庸)을 말함.
- 史書 : 역사에 관한 책.

사수
- 射手 : 총포나 활 따위를 쏘는 사람.
- 死守 : 목숨을 걸고 지킴.
- 詐數 : 속임수.

사실
- 史實 : 역사에 실제로 있는 사실(事實).
- 寫實 : 사물을 실제 있는 그대로 그려냄.
- 事實 : 실제로 있었던 일.

사은
- 師恩 : 스승의 은혜.
- 謝恩 : 입은 은혜에 대하여 감사함.
- 私恩 : 개인끼리 사사로이 입은 은혜.

사장
- 社長 : 회사의 우두머리.
- 査丈 : 사돈집의 웃어른.
- 射場 : 활 쏘는 터.

사전
- 辭典 : 낱말을 모아 일정한 순서로 배열하여 싣고 그 발음, 뜻 등을 해설한 책.
- 事典 : 여러 가지 사물이나 사항을 모아 그 하나 하나에 장황한 해설을 붙인 책.
- 私田 : 개인 소유의 밭.
- 事前 : 무슨 일이 일어나기 전.

사정
- 査正 : 그릇된 것을 조사하여 바로잡음.
- 司正 : 공직에 있는 사람의 질서와 규율을 바로 잡는 일.
- 事情 : 일의 형편이나 그렇게 된 까닭.

상가
- 商街 : 상점이 줄지어 많이 늘어 서 있는 거리.
- 商家 : 장사를 업으로 하는 집.
- 喪家 : 초상난 집.

상품
- 上品 : 높은 품격. 상치. 극락정토의 최상급.
- 商品 : 사고 파는 물건.
- 賞品 : 상으로 주는 물품.

성대
- 盛大 : 행사의 규모, 집회, 기세 따위가 아주 거창함.
- 聲帶 : 후두 중앙에 있는, 소리를 내는 기관.

성시
- 成市 : 장이 섬. 시장을 이룸.
- 盛市 : 성황을 이룬 시장.
- 盛時 : 나이가 젊고 혈기가 왕성한 때.

수도
- 首都 : 한 나라의 중앙 정부가 있는 도시.
- 水道 : 상수도와 하수도를 두루 이르는 말.
- 修道 : 도를 닦음.

수상
- 受賞 : 상을 받음.
- 首相 : 내각의 우두머리. 국무총리.
- 殊常 : 언행이나 차림새 따위가 보통과 달리 이상함.
- 隨想 : 사물을 대할 때의 느낌이나 그때그때 떠오르는 생각.
- 受像 : 텔레비전이나 전송 사진 등에서, 영상(映像)을 전파로 받아 상(像)을 비침.

수석
- 首席 : 맨 윗자리. 석차 따위의 제1위.
- 壽石 : 생긴 모양이나 빛깔, 무늬 등이 묘하고 아름다운 천연석.
- 樹石 : 나무와 돌.
- 水石 : 물과 돌. 물과 돌로 이루어진 자연의 경치.

수신
- 受信 : 통신을 받음.
- 水神 : 물을 다스리는 신.
- 修身 : 마음과 행실을 바르게 하도록 심신(心身)을 닦음.
- 守身 : 자기의 본분을 지켜 불의(不義)에 빠지지 않도록 함.

수집
- 收集 : 여러 가지 것을 거두어 모음.
- 蒐集 : 여러 가지 자료를 찾아 모음.

시기
- 時機 : 어떤 일을 하는 데 알맞을 때.
- 時期 : 정해진 때. 기간.
- 猜忌 : 샘하여 미워함.

시상
- 詩想 : 시를 짓기 위한 시인의 착상이나 구상.
- 施賞 : 상장이나 상품 또는 상금을 줌.

- 시세
  - 時勢 : 시국의 형편.
  - 市勢 : 시장에서 수요와 공급의 원활한 정도.

- 시인
  - 詩人 : 시를 짓는 사람.
  - 是認 : 옳다고, 또는 그러하다고 인정함.

- 실사
  - 實事 : 실제로 있는 일.
  - 實査 : 실제로 검사하거나 조사함.
  - 實寫 : 실물(實物)이나 실경(實景), 실황(實況) 등을 그리거나 찍음.

- 실수
  - 實數 : 유리수와 무리수를 통틀어 이르는 말.
  - 失手 : 부주의로 잘못을 저지름.
  - 實收 : 실제 수입이나 수확.

- 역설
  - 力說 : 힘주어 말함.
  - 逆說 : 진리와는 반대되는 말을 하는 것처럼 들리나, 잘 생각해 보면 일종의 진리를 나타낸 표현. (사랑의 매, 작은 거인 등)

- 우수
  - 優秀 : 여럿 가운데 특별히 뛰어남.
  - 憂愁 : 근심과 걱정.

- 원수
  - 元首 : 한 나라의 최고 통치권을 가진 사람.
  - 怨讐 : 원한이 맺힌 사람.
  - 元帥 : 군인의 가장 높은 계급, 또는 그 명예 칭호.

- 유전
  - 遺傳 : 끼쳐 내려옴. 양친의 형질(形質)이 자식에게 전해지는 현상.
  - 流轉 : 이리저리 떠돌아다님.
  - 油田 : 석유가 나는 곳.
  - 流傳 : 세상에 널리 퍼짐.

- 유학
  - 儒學 : 유교의 학문.
  - 留學 : 외국에 가서 공부함.
  - 遊學 : 타향에 가서 공부함.
  - 幼學 : 지난 날, 벼슬하지 않은 유생을 이르는 말.

이상
- 異狀 : 평소와 다른 상태.
- 異常 : 보통과는 다른 상태. 어떤 현상이 이미 가지고 있는 경험이나 지식으로는 헤아릴 수 없을 만큼 별남.
- 異象 : 특수한 현상.
- 理想 : 각자의 지식이나 경험 범위에서 최고라고 생각되는 상태.

이성
- 理性 : 사물의 이치를 논리적으로 생각하고 판단하는 마음의 작용.
- 異姓 : 다른 성, 타 성.
- 異性 : 남성 쪽에서 본 여성, 또는 여성 쪽에서 본 남성.

이해
- 理解 : 사리를 분별하여 앎.
- 利害 : 이익과 손해.

인도
- 引導 : 가르쳐 이끎. 길을 안내함. 미혹한 중생(衆生)을 이끌어 오도(悟道)에 들게 함.
- 人道 : 차도 따위와 구별되어 있는 사람이 다니는 길. 사람으로서 지켜야 할 도리.
- 引渡 : 물건이나 권리 따위를 건네어 줌.

인상
- 印象 : 마음에 남는 자취. 접촉한 사물 현상이 기억에 새겨지는 자취나 영향.
- 引上 : 값을 올림.

인정
- 人情 : 사람이 본디 지니고 있는 온갖 심정.
- 仁政 : 어진 정치.
- 認定 : 옳다고 믿고 인정함.

장관
- 壯觀 : 훌륭한 광경.
- 長官 : 나라 일을 맡아보는 행정 각부의 책임자.

재고
- 再考 : 다시 한 번 생각함.
- 在庫 : 창고에 있음. '재고품'의 준말.

전경
- 全景 : 전체의 경치.
- 戰警 : '전투 경찰대'의 준말.
- 前景 : 눈 앞에 펼쳐져 보이는 경치.

전시
- 展示 : 물품 따위를 늘어 놓고 일반에게 보임.
- 戰時 : 전쟁을 하고 있는 때.

정당 { 政黨 : 정치적인 단체.
政堂 : 옛날의 지방 관아.
正當 : 바르고 옳음.

정리 { 定理 : 이미 진리라고 증명된 일반된 명제.
整理 : 흐트러진 것을 바로 잡음.
情理 : 인정과 도리.
正理 : 올바른 도리.

정원 { 定員 : 일정한 규정에 따라 정해진 인원.
庭園 : 집 안의 뜰.
正員 : 정당한 자격을 가진 사람.

정전 { 停電 : 송전(送電)이 한때 끊어짐.
停戰 : 전투 행위를 그침.

조리 { 條理 : 앞 뒤가 들어맞고 체계가 서는 갈피.
調理 : 음식을 만듦.

조선 { 造船 : 배를 건조함.
朝鮮 : 상고 때부터 써내려오던 우리 나라 이름. 이성계가 건국한 나라.

조화 { 調和 : 대립이나 어긋남이 없이 서로 잘 어울림.
造化 : 천지 자연의 이치.
造花 : 인공으로 종이나 헝겊 따위로 만든 꽃.
弔花 : 조상(弔喪)하는 뜻으로 바치는 꽃.

주관 { 主管 : 어떤 일을 책임지고 맡아 관할, 관리함.
主觀 : 외계 및 그 밖의 객체를 의식하는 자아. 자기 대로의 생각.

지급 { 至急 : 매우 급함.
支給 : 돈이나 물품 따위를 내어 줌.

지도 { 指導 : 가르치어 이끌어 줌.
地圖 : 지구를 나타낸 그림.

지성 { 知性 : 인간의 지적 능력.
      至誠 : 정성이 지극함.

지원 { 志願 : 뜻하여 몹시 바람. 그런 염원이나 소원.
      支援 : 지지해 도움. 원조함.

직선 { 直選 : '직접 선거'의 준말.
      直線 : 곧은 줄.

초대 { 招待 : 남을 불러 대접함.
      初代 : 어떤 계통의 첫 번째 차례 또 그 사람의 시대.

최고 { 最古 : 가장 오래됨.
      最高 : 가장 높음. 또는 제일 임.
      催告 : 재촉하는 뜻으로 내는 통지.

축전 { 祝電 : 축하 전보.
      祝典 : 축하하는 식전.

통화 { 通貨 : 한 나라에서 통용되는 화폐.
      通話 : 말을 주고 받음.

표지 { 表紙 : 책의 겉장.
      標紙 : 증거의 표로 글을 적는 종이.

학원 { 學園 : 학교와 기타 교육 기관을 통틀어 이르는 말.
      學院 : 학교가 아닌 사립 교육 기관.

화단 { 花壇 : 화초를 심는 곳.
      畵壇 : 화가들의 사회.

漢字의 특성

1. 한자는 뜻글자이다

한자는 표의문자(表意文字)다. 표의문자란 나타내고자 하는 뜻을 그림이나 부호 등을 이용하여 구체화시킨 글자를 말한다. 따라서 한자는 대체로 하나의 글자가 하나의 뜻을 가진 낱말로 쓰인다. 예를 들면 '日'은 '태양'이란 뜻을 나타내기 위해서 해의 모양을 그린 것이다. 또 '木'은 '나무'라는 뜻을 나타내기 위해서 줄기와 가지와 뿌리의 모양을 그렸다.

2. 한자는 고립어이다

한자는 형태적으로 고립어에 속한다. 고립어란 하나의 낱말이 단지 뜻만을 나타내며, 문장 속에 쓰였을 때는 낱말의 형태에는 변화가 없이 단지 그 자리의 차례로써 문법적 기능을 가지는 언어를 말한다. 따라서 우리말처럼 명사에 조사가 붙어 문법적인 관계를 나타내는 곡용(曲用)과 동사나 형용사의 어미가 여러 꼴로 바뀌는 활용(活用)의 문법적 현상이 없다.

명사의 변화	주 격	소유격	목적격
우리말	나(는) 내(가)	나(의)	나(를)
영 어	I	My	Me
한 자	我	我	我

동사의 변화	기본형	현 재	과 거
우리말	가다	간다	갔다
영 어	Go	Go	Went
한 자	去	去	去

3. 한자의 세 가지 요소

한자는 각각의 글자가 모양[形]과 소리[音]와 뜻[義]의 세 요소를 갖추고 있다. 그런데 이 形·音·義는 여러 가지 모양을 나타내기도 하며, 두 가지 이상의 소리로 읽히기도 하며, 여러 가지의 뜻을 나타내기도 한다. 즉 예를 들면

形: 魚 ▶ (갑골문자)→ (금문)→ (석고문)→ (전문)→ (예서)

音: 樂 ─ (악)풍류 → 音樂(음악)
      ├ (락)즐겁다 → 娛樂(오락)
      └ (요)즐기다 → 樂山樂水(요산요수)

義: 行 ─ 가다, 다니다 → 步行(보행)
      ├ 흐르다 → 流行(유행)
      ├ 행하다 → 逆行(역행)
      └ 가게 → 銀行(은행)

漢字의 구성 원리

한자는 표의문자이기 때문에 각각의 글자가 모두 그러한 뜻을 나타내게 된 방법과 과정이 있게 마련 인데, 이 방법과 과정을 하나로 묶어 육서(六書)라고 하며, 이는 구체적으로 상형(象形), 지사(指事), 회의(會意), 형성(形聲), 전주(轉注), 가차(假借)로 구분된다.

육서 { 상형(象形) · 지사(指事) · 회의(會意) · 형성(形聲) ——— 구성법
       전주(轉注) · 가차(假借) ——— 사용법

1. 상형과 지사

글자를 직접 만들어 내는 방법이다. 형태를 갖고 있는 사물의 모양을 본떠 그려서 만드는 것을 상형(象形), 형태가 없이 추상적 개념을 나타내기 위한 것을 지사(指事)라 한다.

⊙ **상형(象形)** : 사물의 모양을 있는 그대로 본떠서 한자를 만드는 방법이다. 즉 '月'은 달의 이지러진 모양과 달 속의 검은 그림자를 그려서 나타낸 것이고, '山'은 뾰쪽뾰쪽 솟은 산봉우리의 모양을 본뜬 것인데, 차츰 쓰기 쉽고 보기 좋게 변하여 지금과 같이 쓰는 것이다.

➀ → ➁ → 月　　　⛰ → ⛰ → 山

⊙ **지사(指事)** : 숫자나 위치, 동작 등과 같이 구체적인 모양이 없는 것을 그림이나 부호 등으로 나타내어 만드는 방법이다. 예를 들어 위나 아래 같은 것은 본래 구체적인 모양은 없지만 기준이 되는 선을 긋고 그 위나 아래에 있음을 나타내는 것으로 표시할 수 있다.

･ → ニ → 上 → 上　　　･ → ニ → 下 → 下

※ 또 지사는 상형문자에 부호를 덧붙여 만들기도 한다. 즉 '木'에 획을 하나 그어 '本'이나 '末' 등을 만들거나, '大'에 획을 더해 '天' 또는 '太'를 만드는 것이다.

2. 회의와 형성

상형과 지사의 방법에 의해 만들어진 글자들을 결합하여 만드는 방법이다. 두 개 이상의 글자가 가진 뜻을 합쳐서 만드는 것을 회의(會意)라고 하고, 뜻을 나타내는 글자와 음을 나타내는 글자를 모아 만드는 것을 형성(形聲)이라고 한다.

⊙ **회의(會意)** : 이미 만들어진 글자들에서 뜻과 뜻을 합쳐서 새로운 뜻을 가진 글자를 만드는 방법이다. '田'과 '力'이 합쳐져 밭에서 힘을 쓰는 사람이 바로 남자란 뜻으로 '男'자를 만들거나, '人'과 '言'을 합쳐 사람의 말은 믿음이 있어야 한다는 뜻으로 '信'자를 만드는 것 등이 그 예가 된다.

力 + 口 → 加　　門 + 日 → 間　　手 + 斤 → 折　　人 + 木 → 休

부록 381

⊙ **형성(形聲)** : 새로운 뜻의 글자를 만들기 위해서 이미 만들어진 글자를 이용하는 방법이다. 회의는 뜻과 뜻을 합하여 새로운 글자를 만드는 것인데 비해 형성은 한 글자에서는 소리만을 빌려 오고 다른 한 글자에서는 모양을 빌려 와 새로운 뜻을 가진 글자를 만드는 것이다. 즉 마을이란 뜻의 '村'은 '木'에서 그 뜻을 찾아내고 '寸'에서 음을 따와 만들고, 밝다는 뜻의 '爛'은 '火'에서 뜻을 따오고 '蘭'에서 음을 따와 만드는 식이다. 한자에는 이 형성으로 만든 글자가 전체의 80%에 이른다.

雨 + 相 → 霜   木 + 同 → 桐   手 + 妾 → 接   心 + 每 → 悔

3. 전주와 가차

새로운 글자를 만들어내는 것이 아니라 이미 만들어진 글자에서 새로운 뜻을 찾아내는 것을 말한다. 즉 한 글자를 딴 뜻으로 돌려쓰는 것이나 같은 뜻을 가진 글자끼리 서로 섞어서 쓰는 것을 전주(轉主)라고 하고, 이미 만들어진 글자에 원래 뜻과는 전혀 다른 뜻으로 사용하는 것을 가차(假借)라고 한다.

⊙ **전주(轉注)** : 하나의 글자를 비슷한 의미에까지 확장해서 사용하거나 같은 뜻을 가진 비슷한 글자끼리 서로 구별 없이 사용하는 것을 말한다.

① 동일한 글자를 파생적인 용법으로 사용하는 방법이다. 즉 어느 문자를 그것이 나타낸 말과 뜻이 같거나 또는 의미상 관계가 있는 다른 말을 나타내는 데 사용하는 경우이다. 예를 들면 '樂'의 원래 뜻은 '음악'이었으나 음악은 사람의 마음을 즐겁게 해주는 것이므로 '즐겁다'는 뜻으로도 쓰이고 음도 '락'으로 바뀌었다. 또 음악은 사람이 좋아하는 것이므로 '좋아하다'는 뜻으로 쓰여 음도 '요'로 바뀌어 쓰인다.

樂 ┌ (악)풍류→音樂(음악)
　 ├ (락)즐겁다→娛樂(오락)
　 └ (요)즐기다→樂山樂水(요산요수)

② 모양은 다르고 뜻이 같은 두 개 이상의 글자가 아무런 구별 없이 서로 섞이어 사용되는 방법이다. 이 경우 두 글자 사이에는 서로 발음이 같거나 비슷해야 한다는 조건이 따른다. 가령 '不과 否'는 모두 '아니다'라는 뜻을 가지고 발음도 비슷하므로 서로 전주될 수 있는 글자이다.

⊙ **가차(假借)** : 이미 만들어진 한자에서 모양이나 소리나 뜻을 빌려 새로 찾아낸 뜻을 대신 사용하는 방법으로, 주로 외래어를 표현하기 위한 수단으로 쓰인다.

① 모양을 빌린 경우 : '弗'이 원래는 '아니다'는 뜻으로, 원래는 돈과는 관계없는 글자였으나 미국의 돈 단위인 달러를 표현하기 위해 '$'과 비슷한 모양을 가진 이 글자를 달러를 나타내는 글자로 사용한 것으로, 이때 발음은 원래 발음인 '불'을 그대로 쓰고 있다.

② 소리를 빌린 경우 : '佛'은 원래 부처와는 아무 상관이 없이 '어그러지다'란 뜻을 가진 글자였으나 부처란 뜻의 인도말 '붓다(Buddha)'를 한자로 옮기기 위해서 소리가 비슷한 이 글자를 빌려다가 '부처'란 뜻을 나타낸 것이다.

③ 뜻을 빌린 경우 : '西'는 원래 새가 둥지에 깃들인 모양을 나타내는 것으로, '깃들이다'는 뜻을 가진 글자였다. 그러나 새가 둥지에 깃들일 때는 해가 서쪽으로 넘어갈 때이기 때문에 '서쪽'이란 의미로 확대해서 사용하게 되었다.

그밖에도 가차의 예를 들어보면 다음과 같은 것들이 있다.

可口可樂(키커우커러) → 코카콜라
百事可樂(빠이스커러) → 펩시콜라 ▶음을 빌린 경우

電梯(전기사다리) → 엘리베이터
全錄(모두 기록함) → 제록스 ▶뜻을 빌린 경우

漢字의 부수

5만자가 넘는 한자를 자획을 중심으로 그 구조를 살펴보면 모두 214개의 공통된 부분이 나타나는데, 이 214개의 공통된 부분을 부수(部首)라고 한다. 즉 그 글자의 모양을 놓고 볼 때 비슷한 요소를 가지고 있는 것끼리 분류할 경우 그 부(部)의 대표가 되는 글자이다. 자전(字典)은 모든 한자를 이 부수로 나누어 매 글자의 음과 뜻을 밝혀 놓는 방식을 사용하고 있다.

예를 들면 '정(丁)', '축(丑)', '세(世)', '구(丘)', 등은 '일(一)'부에 속하고 '필(必)', '사(思)', '쾌(快)', '치(恥)' 등은 '심(心)' 부에 속한다.

부수는 다시 위치에 따라 다음과 같이 구별하여 부른다.

명 칭	위 치	모양	보 기
변	부수가 글자의 왼쪽에 있는 것		亻(사람인 변) : 仙
방	부수가 글자의 오른쪽에 있는 것		阝(고을읍 방) : 部
머리	부수가 글자의 위쪽에 있는 것		宀(갓머리) : 宗
다리	부수가 글자의 아래쪽에 있는 것		儿(어진사람인 발) : 兄
몸	부수가 글자의 바깥쪽에 있는 것		囗(큰입구) : 國
받침	부수가 글자의 왼쪽으로부터 아래쪽으로 걸쳐 있는 것		辶(책받침) : 進
안	부수가 글자의 위쪽으로부터 왼쪽으로 걸쳐 있는 것		广(엄호 밑, 안) : 度

*부수의 정리 방법과 배열, 명칭 등은 예로부터 일정하지 않다. 후한의 허신(許愼)이 편찬한 〈설문해자(說文解字)〉는 '일(一)', '이(二)', '시(示)'에서 '유(酉), 술(戌), 해(亥)'까지 540부로 나누고, 양(梁)나라의 고야왕(顧野王)이 펴낸 〈옥편(玉篇)〉은 〈설문해자〉의 14부를 더해 542부로 하였다. 부수의 배열은 중국의 옥편을 따르는 의부분류 중심의 것이 많으나 근대에는 주로 획수순(劃數順)에 따라 배열한다. 현행 한한사전(漢韓辭典)은 대부분 '일(一)'에서 '약(龠)'까지 214개의 부수를 획수순으로 배열하고, 부수 내의 한자도 획수에 따라 배열한 〈강희자전(康熙字典)〉을 따르고 있다.

▶ **자전 찾는 법**

모르는 한자를 자전에서 찾는 데는 다음과 같은 세 가지 방법이 있다.

◉ **부수 색인 이용법** : 찾고자 하는 한자의 부수를 가려내어 부수 색인에서 해당하는 부수가 실린 쪽수를 찾은 다음, 부수를 뺀 나머지 획수를 세어 찾아본다.

◉ **총획 색인 이용법** : 찾고자 하는 한자의 음이나 부수를 모를 때는 획수를 세어 획수별로 구분해 놓은 총획 색인에서 그 글자를 찾은 다음 거기에 나와 있는 쪽수를 찾아간다.

◉ **자음 색인 이용법** : 찾고자 하는 글자의 음을 알고 있을 때, 자음 색인에서 그 글자의 쪽수를 확인 하여 찾는 방법이다.

※ 획(劃)이란 붓을 한번 대었다가 뗄 때까지 쓰인 점과 선을 말하는데, 이를 자획이라고 한다. 예를 들면, 日은 'ㅣ ㄇ 冂 日'과 같이 붓을 네 번 떼게 된다. 따라서 이 글자의 획은 모두 4개이다.